Cultu
General

Víctor N.C

«No es que el genio se adelante un siglo a su tiempo, es la humanidad la que se encuentra cien años por detrás de él.» Robert Musil

ÍNDICE

I

1- ¿En qué año fue asesinado el líder militar Cayo Julio César?

a) 44 a. C.

b) 22 d. C.

c) 31 d. C.

2- ¿Qué nombre tenía el caballo de Alejandro Magno?

a) Sombragrís

b) Bucéfalo

c) Rocinante

3- ¿Qué países fueron los últimos en entrar en la Unión Europea?

a) Suecia, Rumanía y República Checa

b) Rumanía, Bulgaria y Croacia

c) Bulgaria, Chipre y Croacia

4- ¿Qué volcán destruyó Pompeya y Herculano en el 79 d. C.?

a) Hekla

b) Vesubio

c) Strómboli

5- ¿En qué fecha se produjeron los atentados en las Ramblas de Barcelona?

a) 17 de agosto de 2017

b) 07 de junio de 2017

c) 15 de julio de 2017

6- ¿Qué año corresponde al de la caída del Imperio romano de Occidente?

a) 376

b) 476

c) 576

7- ¿Cuál de las siguientes palabras no está aceptada por la RAE?

a) Almóndiga

b) Asín

c) Cocreta

8- ¿A quién pertenece el siguiente cuadro conocido como «La noche estrellada»?

a) Pablo Picasso

b) Vincent van Gogh

c) Francisco de Goya

9- ¿Por cuál de las siguientes provincias no pasa el río Ebro?

a) Cantabria

b) Palencia

c) Salamanca

10- ¿Cuál es la capital de Kazajistán?

a) Almaty

b) Astaná

c) Koschi

Respuestas I

1- a

2- b

3- b

4- b

5- a

6- b

7- c

8- b

9- c

10- b

II

1- ¿En qué año se iniciaron las guerras púnicas entre Roma y Cartago, las dos principales potencias del Mediterráneo?

a) 264 a. C.

b) 164 a. C.

c) 164 d. C.

2- ¿Qué país aprobó, en 1893, el primer sufragio femenino sin restricciones?

a) Finlandia

b) Nueva Zelanda

c) Francia

3- ¿Qué es el mutualismo?

a) Asociación de dos o más organismos de especies diferentes

b) Un único organismo que actúa en su propio beneficio.

c) Ninguna es correcta

4- **¿Qué países fundaron la Comunidad Económica Europea?**

a) Bélgica, Francia, Italia, Luxemburgo, Holanda, Reino Unido y Alemania

b) Bélgica, Italia, Luxemburgo, Holanda y Alemania

c) Bélgica, Francia, Italia, Luxemburgo, Holanda y Alemania

5- **¿Cuál de estos tres sabios dijo que la Tierra y la Luna giran alrededor del Sol?**

a) Platón

b) Aristarco

c) Pitágoras

6- **Todo número real es racional.**

a) Verdadero

b) Falso

7- **¿Cuál es la forma correcta?**

a) Impreso

b) Imprimido

c) Ambas son correctas

8- ¿Quién es el autor de la novela «El retrato de Dorian Gray»?

a) Oscar Wilde

b) Dorian Gray

c) Paul Verlaine

9- ¿En qué parte del cerebro se encuentra la memoria a corto plazo?

a) Corteza prefrontal

b) Hipocampo

c) Cerebelo

10- ¿Cuál es la capital de Hungría?

a) Bucarest

b) Budapest

c) Eslovaquia

Respuestas II

1- a

2- b

3- a

4- c

5- b

6- b

7- c

8- a

9- a

10- b

III

1- ¿Cómo se llamó la primera computadora creada en el año 1936?

   a) Z1

   b) P1

   c) S10

2- ¿Qué nombre reciben las rocas que provienen de la solidificación de los magmas?

   a) Metamórficas

   b) Ígneas

   c) Sedimentarias

3- ¿En qué año se proclamó Hitler canciller del Reich?

   a) 1945

   b) 1919

   c) 1933

4- ¿En qué año tuvo lugar la guerra civil española?

a) 1936 – 1939

b) 1945 – 1946

c) 1914 – 1919

5- ¿En qué año se fundó la Organización de las Naciones Unidas?

a) 1936

b) 1946

c) 1945

6- ¿Qué periodo de la historia es el más largo?

a) Edad Media

b) Edad Moderna

c) Edad Antigua

7- En la oración «Para ti está muy claro», ¿qué respuesta es la correcta?

a) Sujeto + verbo + atributo

b) Complemento indirecto + verbo + atributo

c) Complemento directo + verbo + atributo

8- ¿A quién pertenece la obra «Discóbolo?»

a) Mirón

b) Leocares

c) Praxíteles

9- ¿Qué autor no es de la Generación del 98?

a) Miguel de Unamuno

b) Antonio Machado

c) Federico García Lorca

10- ¿Cuál es la capital de Holanda?

a) Ámsterdam

b) Róterdam

c) La Haya

Respuestas III

1- a

2- b

3- c

4- a

5- c

6- c

7- b

8- a

9- c

10- a

IV

1- ¿Cómo se llama la Reina del Reino Unido?

   a) Isabel II

   b) Isabel I

   c) Isabel IV

2- ¿Cuál es el símbolo químico del carbono?

   a) Ca

   b) C

   c) Car

3- ¿Qué océano es el más grande?

   a) Océano Pacífico

   b) Océano Atlántico

   c) Océano Índico

4- ¿Qué lenguaje informático se utiliza para diseñar páginas web?

   a) PHP

b) Java

c) HTML

5- ¿Qué significa FIFA?

a) Fédération de Football

b) Fédération Internationale de Football

c) Fédération Internationale de Football Association

6- ¿Con qué nombre es conocido uno de los libros más antiguos de los mayas?

a) Codex Nuttall

b) Codex Dresdensis

c) Codex Mendoza

7- ¿Cuál es el plural de máster?

a) Masteres

b) Másters

c) Másteres

8- ¿Quién es el autor del libro «Decamerón»?

a) Dante Alighieri

b) Francesco Petrarca

c) Giovanni Boccaccio

9- ¿Quién es el fundador de Wikipedia?

a) Steve Jobs

b) Jimmy Wales

c) Larry Page

10- ¿Cuál es la capital de Letonia?

a) Ogre

b) Riga

c) Madona

Respuestas IV

1- a

2- b

3- a

4- c

5- c

6- b

7- c

8- c

9- b

10- b

V

1- ¿En qué provincia se encuentra el Edificio España?

 a) Madrid

 b) Barcelona

 c) Toledo

2- ¿Cuál es el nombre de la lengua oficial en China?

 a) Cantonés

 b) Chino mandarín

 c) Ninguna de las dos

3- ¿En qué año comenzó la II Guerra Mundial?

 a) 1945

 b) 1939

 c) 1946

4- ¿Cómo le llaman a los textos de autores desconocidos?

 a) Humanísticos

 b) Directivos

c) Anónimos

5- ¿Cuál es la equivalencia del número romano L?

a) 30

b) 40

c) 50

6- ¿Quién es considerado el primer faraón de Egipto?

a) Narmer

b) Zoser

c) Seti I

7- ¿A qué categoría gramatical pertenece la palabra «siempre»?

a) Conjunción

b) Adverbio

c) Preposición

8- ¿A quién pertenece la obra «El tres de Mayo»?

a) Francisco de Goya

b) Vincent van Gogh

c) Claude Monet

9- ¿Con qué nombre se conoce al conjunto de documentos legales internos del despacho de abogados Mossack Fonseca filtrados a la prensa?

a) Papeles de Panamá

b) WikiLeaks

c) Papeles del jurado

10- ¿Cuál es la capital de Grecia?

a) El Pireo

b) Chalandri

c) Atenas

Respuestas V

1- a

2- b

3- b

4- c

5- c

6- a

7- b

8- a

9- a

10- c

VI

1- ¿Cuál es el elemento químico principal que forma el Sol?

a) Magnesio

b) Oxigeno

c) Hidrógeno

2- ¿Dónde está situado el parque nacional de Aigüestortes?

a) Lérida

b) Castellón

c) Huesca

3- ¿A qué país pertenecen los cariocas?

a) Portugal

b) Río de Janeiro

c) Asunción

4- ¿Qué significa «izar»?

a) Hacer bajar algo tirando de la cuerda de que está colgado

b) Ninguna es correcta

c) Hacer subir algo tirando de la cuerda de que está colgado

5- ¿Quién es el secretario general de la Organización de Naciones Unidas?

a) António Guterres

b) Ban Ki Moon

c) Kofi Annan

6- ¿Quién fue el fundador del taoísmo?

a) Lin An

b) Lao-Tsé

c) Tao Te

7- ¿Cuál es el pretérito imperfecto del modo indicativo de la palabra «hablar»?

a) Hablaba

b) Hablaré

c) Hablado

8- ¿A quién pertenece la obra «Baile en Moulin de la Galette»?

a)   Pierre-Auguste Renoir

b)   Francisco de Goya

c)   Rembrandt

9- ¿Con qué nombre se conoce a la capa externa de la piel?

a) Dermis

b) Epidermis

c) Hipodermis

10- ¿Cuál es la capital de Georgia?

a) Tiflis

b) Batumi

c) Kutaisi

Respuestas VI

1- c

2- a

3- b

4- c

5- a

6- b

7- a

8- a

9- b

10- a

VII

1- ¿Quién es el primer humano que pisó la luna?

a) **David Scott**

b) **Neil Alden Armstrong**

c) **Yuri Gagarin**

2- ¿Cuál es la moneda Marruecos?

a) Dírham

b) Rupia

c) Dinar

3- El Ártico es la zona alrededor del Polo:

a) Sur

b) Norte

c) Norte y Sur

4- ¿En qué año se produjo la Batalla de las Navas de Tolosa?

a) 1640

b) 1815

c) 1212

5- ¿Quién es el autor de las novelas «Veinte mil leguas de viaje submarino» y «Viaje al centro de la tierra»?

a) Julio Verne

b) Oscar Wilde

c) Gabriel García Márquez

6- ¿Quién fue el fundador del budismo?

a) Buda Gautama

b) Siddharta Gautama

c) Ambas son correctas

7- Sinónimo de saña:

a) Clemencia

b) Furia

c) Odio

8- ¿Quién hizo el famoso cuadro «Guernica»?

a) Salvador Dalí

b) Pablo Picasso

c) Claude Monet

9- ¿En qué provincia se encuentra la Torre Espacio?

a) Madrid

b) Bilbao

c) Barcelona

10- ¿Cuál es la capital de Lituania?

a) Vilna

b) Kaunas

c) Kláipeda

Respuestas VII

1- b

2- a

3- b

4- c

5- a

6- c

7- b

8- b

9- a

10- a

VIII

1- ¿A quién se le atribuye la expresión: «la energía no se crea ni se destruye, sólo se transforma»?

a) Platón

b) Antoine Lavoisier

c) Aristóteles

2- ¿Contra qué país se usó la primera bomba atómica en combate?

a) Hiroshima

b) Nagasaki

c) Osaka

3- ¿Quién escribió «San Manuel Bueno, mártir»?

a) Rubén Darío

b) Pío Baroja

c) Miguel de Unamuno

4- ¿En qué año se aprobó la actual Constitución

española?

a) 1982

b) 1810

c) 1978

5- ¿De quién es la expresión: «Caminante no hay camino, se hace camino al andar»?

a) Antonio Machado

b) Luis Cernuda

c) Federico García Lorca

6- ¿Qué era el griego Eurípides?

a) Un dramaturgo

b) Un poeta

c) Ambas son correctas

7- ¿Cuál es el plural de club?

a) Clubs

b) Ambas son correctas

c) Clubes

8- ¿A quién pertenece la obra «Las meninas»?

a) Pablo Picasso

b) El Greco

c) Diego Velázquez

9- ¿En qué país se situó la Revolución Industrial del siglo XVIII?

a) Francia

b) Estados Unidos

c) Reino de Gran Bretaña

10- ¿Cuál es la capital de Uganda?

a) Kampala

b) Kigumba

c) Hoima

Respuestas VIII

1- b

2- a

3- c

4- c

5- a

6- c

7- b

8- c

9- c

10- a

IX

1- ¿Quién fue el fundador del PSOE en 1879?

a) Adolfo Suárez

b) Julián Besteiro

c) Pablo Iglesias

2- ¿Con qué material se fabricaba el pergamino?

a) Piel de animales

b) Árboles

c) Ninguna es correcta

3- ¿En qué lugar del cuerpo se produce la insulina?

a) Páncreas

b) Hígado

c) Riñón

4- ¿Dónde se elaboró por primera vez el papel?

a) Estados Unidos

b) China

c) Japón

5- ¿Dónde nace el río Duero?

a) Pico Tres Mares

b) Sierra del Cadí

c) Picos de Urbión

6- ¿Qué son las Analectas?

a) Son una versión escrita de las charlas de Lao Tse

b) Son una versión escrita de las charlas de Mozi

c) Son una versión escrita de las charlas de Confucio

7- ¿Cuál de las dos palabras es correcta, «aruñar» o «arañar»?

a) Ambas son correctas

b) Arañar

c) Aruñar

8- ¿A quién pertenece la obra «El pensador»?

a) Leonardo da Vinci

b) Auguste Rodin

c) Miguel Ángel

9- ¿Dónde se encuentra el rascacielos residencial más alto de España?

a) Madrid

b) Barcelona

c) Benidorm

10- ¿Cuál es la capital de Túnez?

a) Sfax

b) Túnez

c) Trípoli

Respuestas IX

1- c

2- a

3- a

4- b

5- c

6- c

7- a

8- b

9- c

10- b

X

1- ¿Qué fue el Concorde?

a) Nave espacial

b) Avión supersónico

c) Tren de alta velocidad

2- ¿Cuánto vale el número pi?

a) 3,1416

b) 1.2345

c) 3.1517

3- ¿Cuál es el metal más caro del mundo?

a) Platino

b) Oro

c) Rodio

4- ¿Cuándo empezó la Primera Guerra Mundial?

a) 1914

b) 1945

c) 1919

5- ¿Cómo se llama el fundador de Facebook?

a) Mark Zuckerberg

b) Steve Jobs

c) Larry Page

6- ¿Cuál de los siguientes personajes históricos fue rey de Macedonia?

a) Alejandro Magno

b) Rómulo

c) Servio Tulio

7- Pasividad es a pasivo e impasibilidad es a:

a) Ambas son correctas

b) Impasivo

c) Impasible

8- ¿A qué autor pertenece la siguiente imagen conocida como «La última cena»?

a) Leonardo da Vinci

b) Francisco de Goya

c) Pablo Picasso

9- ¿Por cuál de las siguientes provincias pasa el río Duero?

a) Zamora

b) Tarragona

c) Navarra

10- ¿Cuál es la capital de Luxemburgo?

a) Luxemburgo

b) Belair

c) Ninguna es correcta

Respuestas X

1- b

2- a

3- c

4- a

5- a

6- a

7- c

8- a

9- a

10- a

XI

1- ¿Con qué nombre se conoce al borde un polígono?

a) Ángulo

b) Área

c) Perímetro

2- ¿Hace cuánto se extinguieron los mamuts?

a) 2000 años

b) 3000 años

c) 4000 años

3- ¿Quién es, en 2018, el canciller de Alemania?

a) Emmanuel Macron

b) Angela Merkel

c) Joachim Sauer

4- ¿Cómo se llama la estación espacial rusa?

a) Skylab

b) MIR

c) ISS

5- ¿En qué año se realizó la primera llamada desde un teléfono móvil?

a) 1983
b) 1973
c) 1993

6- ¿Con qué nombre se conoce a uno de los cinco libros clásicos del confucianismo?

a) Libro de Confucio
b) Libro de los Ritos
c) Escrito del confucionismo

7- ¿Cuál es el plural de convoy?

a) Convoyes
b) Convois
c) Convoys

8- ¿A quién pertenece la obra «El triunfo de Baco»?

a) Diego Velázquez

b) Joan Miró

c) Miguel Ángel

9- ¿Qué es el Brexit?

a) Proceso político en curso para la salida del Reino Unido de la Unión Europea

b) Proceso político en curso para la entrada del Reino Unido de la Unión Europea

c) Proceso político en curso para la entrada a la Unión Europea

10- ¿Cuál es la capital de Finlandia?

a) Tampere

b) Turku

c) Helsinki

Respuestas XI

1- c

2- c

3- b

4- b

5- b

6- b

7- a

8- a

9- a

10- c

XII

1- ¿Quién compuso «La flauta mágica»?

a) Antonio Vivaldi

b) Mozart

c) Beethoven

2- ¿A qué país pertenece la isla de Tahití?

a) Francia

b) Reino Unido

c) Italia

3- ¿Quién escribió «Hamlet»?

a) Ernest Hemingway

b) Virginia Woolf

c) William Shakespeare

4- ¿Dónde está ubicado el Teide?

a) Gran Canaria

b) País Vasco

c) Tenerife

5- ¿De qué estado fue emperador Napoleón Bonaparte?

a) Francia

b) Italia

c) Portugal

6- ¿Quién es el director de la película «Lo imposible»?

a) Pedro Almodóvar

b) Juan Antonio Bayona

c) Álex de la Iglesia

7- Cuál de las siguientes oraciones es correcta:

a) ¿Porqué no has venido a mi casa?

b) ¿Por qué no has venido a mi casa?

c) ¿Porque no has venido a mi casa?

8- ¿A quién pertenece la obra «El Moisés»?

a) Leonardo da Vinci

b) Miguel Ángel

c) Donatello

9- **La vaporización es el proceso mediante el cual una sustancia cambia de:**

a) Estado líquido a gaseoso

b) Estado gaseoso a líquido

c) Estado líquido a sólido

10- **¿Cuál es la capital de Estonia?**

a) Tartu

b) Tallin

c) Riga

Respuestas XII

1- b

2- a

3- c

4- c

5- a

6- b

7- b

8- b

9- a

10-   b

XIII

1- Autor de la obra «Alicia en el país de las maravillas»:

a) Wall Disney

b) Lewis Carroll

c) Charles Dickens

2- ¿Quién descubrió la penicilina?

a) Louis Pasteur

b) Alexander Fleming

c) Edward Jenner

3- ¿Quién inventó la máquina de escribir en el año 1867?

a) Christopher Sholes

b) Thomas Alva Edison

c) Arquímedes

4- ¿Cómo se denomina el resultado de la

multiplicación?

a) Factor

b) Potencia

c) Producto

5- ¿Qué año fue la Revolución Rusa?

a) 1919

b) 1890

c) 1917

6- ¿Cuál es la equivalencia del número romano XL?

a) 40

b) 50

c) 70

7- ¿Cuál de las siguientes palabras está escrita correctamente?

a) Bagabundo

b) Bípedo

c) Vastardear

8- ¿A quién pertenece la obra «La ronda de noche»?

a) El Greco

b) Claude Monet

c) Rembrandt

9- ¿Dónde se encuentra el Teatro-Museo Dalí?

a) Figueres

b) Lleida

c) Valencia

10- ¿Cuál es la capital de Sudáfrica?

a) Ciudad del Cabo

b) Puerto de Elisabeth

c) Beaufort

Respuestas XIII

1- b

2- b

3- a

4- c

5- c

6- a

7- b

8- c

9- a

10- a

XIV

1- ¿Quién es el director de la película «Un monstruo viene a verme»?

a) Juan Antonio Bayona

b) Álex de la Iglesia

c) Pedro Almodóvar

2- ¿Qué país tiene más habitantes?

a) Rusia

b) China

c) Alemania

3- ¿Qué inventaron los hermanos Montgolfier en el año 1783?

a) El tren a vapor

b) El globo dirigible

c) El barco a vapor

4- ¿De qué colores es la bandera de México?

a) verde, blanco y rojo

b) rojo, verde y blanco

c) blanco, rojo y verde

5- ¿De qué nacionalidad era Beethoven?

a) Francia

b) Alemania

c) Francia

6- ¿Qué emperador del Imperio Romano gobernaba cuando se construyó el Coliseo?

a) Vespasiano

b) Vitelio

c) Otón

7- ¿Qué palabra está escrita correctamente?

a) Septiembre

b) Ambas son correctas

c) Setiembre

8- ¿A quién pertenece la obra «La piedad»?

a) Gian Lorenzo Bernini

b) Leonardo Dan Vinci

c) Miguel Ángel

9- ¿Cuál es el gentilicio de Ávila?

a) Abulense

b) Avilés

c) Ambas son correctas

10- ¿Cuál es la capital de Somalia?

a) Mogadiscio

b) Baidoa

c) Merca

Respuestas XIV

1- a

2- b

3- b

4- a

5- b

6- a

7- b

8- c

9- c

10- a

XV

1- ¿Cuáles son los cinco tipos de sabores primarios?

a) Dulce, amargo, agrio, salado y ácido

b) Dulce, agrio, acre, salado y ácido

c) Dulce, amargo, ácido, salado y umami

2- ¿A qué país pertenecen las Islas Caimán?

a) Haití

b) Cuba

c) Reino Unido

3- ¿De qué estilo era Espronceda?

a) Romanticismo

b) Modernismo

c) Románico

4- ¿Cuántos fonemas representan las letras V y B?

a) 2

b) 1

c) 0

5- ¿Quién compuso «El Danubio azul»?

a) Strauss

b) Bach

c) Vivaldi

6- ¿Qué emperador fundó la ciudad de Constantinopla?

a) Constantino IV

b) Constantino II

c) Constantino I el Grande

7- ¿Cuál de las siguientes palabras es aguda?

a) Maizal

b) Afonía

c) Flúor

8- ¿A quién pertenece la obra «El caballero de la mano en el pecho»?

a) Diego Velázquez

b) El Greco

c) Tiziano

9- ¿En qué año tuvo lugar el accidente del metro de Valencia, cerca de la estación de Jesús?

a) 2000

b) 2006

c) 2009

10- ¿Cuál es la capital de Senegal?

a) Dakar

b) Thiès

c) Kaolack

Respuestas XV

1- c

2- c

3- a

4- b

5- a

6- c

7- a

8- b

9- b

10- a

XVI

1- ¿Quién es el autor de la obra Aguirre «El magnífico»?

a) Lope de Vega

b) Manuel Vincent

c) Shakespeare

2- ¿Cuál es el nombre de la cascada más alta del mundo?

a) Las Tres Hermanas

b) Oloupena

c) Salto del Ángel

3- ¿Cómo se llama en la actualidad Constantinopla?

a) Estambul

b) Turquía

c) Bulgaria

4- ¿Cuál fue el periodo de la Guerra de la Revolución

Francesa?

a) 1792 – 1802

b) 1700 – 1765

c) 1800 – 1850

5- ¿Quién inventó el Telégrafo en el año 1837?

a) Albert Einstein

b) Isaac Newton

c) Samuel Morse

6- ¿Qué papa coronó al emperador Carlomagno en el año 800?

a) León I

b) León IV

c) León III

7- ¿Cuál de las siguientes palabras es correcta?

a) Aférrimo (muy fuerte, vigoroso o tenaz)

b) Acérrimo (muy fuerte, vigoroso o tenaz)

c) Ambas son correctas

8- ¿A quién pertenece la obra «David»?

a) Miguel Ángel

b) Alberto Giacometti

c) Donatello

9- ¿Quién es el actual presidente de la Comisión Europea?

a) Angela Merkel

b) Emmanuel Macron

c) Jean-Claude Juncker

10- ¿Cuál es la capital de Nigeria?

a) Kano

b) Abuya

c) Nasarawa

Respuestas XVI

1- b

2- b

3- a

4- a

5- c

6- c

7- b

8- a

9- c

10- b

XVII

1- ¿Qué país produce más vino?

a) Francia

b) España

c) Portugal

2- ¿Qué tipo de instrumento es el Laúd?

a) De viento

b) De percusión

c) De cuerda

3- ¿Qué país no limita con el mar negro?

a) Rumanía

b) Turquía

c) Irán

4- ¿Quién es el autor de la obra «El Umbral de la Eternidad»?

a) Federico García Lorca

b) Ken Follett

c) Gabriel García Márquez

5- ¿Cuál es el libro sagrado de la religión musulmana?

a) Rig-veda

b) Corán

c) Nuevo Testamento

6- ¿Qué imperio fundó el Emperador Gengis Kan?

a) Imperio de la Dinastía Qing

b) Imperio Mongol

c) Imperio de la Dinastía Yuan

7- ¿Cuál de las siguientes dos palabras se refiere a quebrantar leyes u órdenes?

a) Infligir

b) Infringir

8- ¿A quién pertenece la obra «El entierro del señor Orgaz»?

a) El Greco

b) Caravaggio

c) Edgar Degas

9- ¿Cuál de las siguientes palabras es compuesta?

a) Benefactor

b) Gracioso

c) Flor

10- ¿Cuál es la capital de Eslovenia?

a) Novo Mesto

b) Eslovenia

c) Liubliana

Víctor N.C.

Respuestas XVII

1- a

2- c

3- c

4- b

5- b

6- b

7- b

8- a

9- a

10- c

XVIII

1- ¿Cuál es la catarata más caudalosa del mundo?

a) Salto del Ángel

b) Cataratas del Niágara

c) Cataratas de Guairá en América del Sur

2- ¿En qué ciudad tuvo lugar el primer sorteo de la Lotería de Navidad de 1812?

a) Cádiz

b) Barcelona

c) Toledo

3- ¿En qué lugar escribió Cervantes la mayor parte de El Quijote?

a) En su hogar

b) En la cárcel

c) En la montaña

4- ¿De qué país es la aerolínea Ryanair?

a) Islandia

b) Irlanda

c) Francia

5- ¿Qué estilo arquitectónico es la Catedral de Sevilla?

a) Gótico

b) Barroco

c) Griego clásico

6- ¿Qué bando ganó en la batalla de Poitiers?

a) Francés

b) Inglés

c) Alemán

7- ¿Cuál de las siguientes palabras es la correcta?

a) Carie

b) Caries

c) Ambas son correctas

8- ¿A quién pertenece la siguiente obra?

a) Donatello

b) Miguel Ángel

c) Leonardo da Vinci

9- ¿Dónde se encuentra el Palacio de las Artes Reina Sofía?

a) Bilbao

b) Valencia

c) Barcelona

10- ¿Cuál es la capital de Mozambique?

a) Maputo

b) Chimoio

c) Beira

Respuestas XVIII

1- c

2- a

3- b

4- b

5- a

6- b

7- b

8- a

9- b

10- a

XIX

1- ¿Qué dos países bañan el Mar Muerto?

   a) Sudán y Arabia Saudita

   b) Sudán y Egipto

   c) Israel y Jordania

2- ¿Quién compuso la Marcha Turca?

   a) Mozart

   b) Vivaldi

   c) Bach

3- ¿Cuál es el lugar más frío de la tierra?

   a) La Antártida

   b) La Atlántida

   c) Polo Sur

4- ¿Cuántos huesos hay en el cuerpo humano?

   a) Adultos 300 y recién nacidos 210

   b) Adultos 206 y recién nacidos 300

c) Adultos 350 y recién nacidos 250

5- ¿Cuál es el mamífero con el que más se trafica en el mundo?

a) Rinoceronte

b) El pangolín

c) Jaguar

6- ¿Cómo murió el teólogo y filósofo Jan Hus, uno de los precursores de la Reforma Protestante?

a) Decapitado

b) En la horca acusado de robo

c) En la hoguera acusado de herejía

7- ¿Cuál de las siguientes oraciones corresponde al Pretérito Perfecto Compuesto?

a) Hay que jugar

b) Ha jugado

c) Habrá que verlo

8- ¿A qué autor pertenece la elegía «Coplas por la muerte de su padre»?

a) Jorge Manrique

b) Garcilaso de la Vega

c) Juan Boscán

9- ¿Cómo se llama a la cría del pavo?

a) Pavipollo

b) Pavezno

c) Ambas son correctas

10- ¿Cuál es la capital de Monaco?

a) Montecarlo

b) Mónaco

c) Monegeti

Respuestas XIX

`

1- c

2- a

3- a

4- b

5- b

6- c

7- b

8- a

9- c

10- b

XX

1- ¿En qué año fue la crisis del petróleo?

a) 1850

b) 1950

c) 1973

2- ¿Qué población tiene la Unión Europea aproximadamente?

a) 511 millones

b) 411 millones

c) 311 millones

3- ¿Cuántos años duró la guerra de los 100 años?

a) 116

b) 100

c) 99

4- ¿Quién inventó el teléfono en el año 1876?

a) Johannes Gutenberg

b) Graham Bell

c) Christopher Sholes

5- ¿Cuál es el único mamífero capaz de volar?

a) El pingüino

b) El murciélago

c) El kiwi

6- ¿En qué año llegó Colón a América?

a) 1482

b) 1492

c) 1592

7- Sinónimo de nostalgia:

a) Añoranza

b) Pena

c) Tristeza

8- ¿Dónde se encuentra la siguiente estatua Moái?

a) Isla de Navidad, Australia

b) Isla de Pascua, Chile

c) Isla de Mauricio

9- ¿Cuál no es el gentilicio de Logroño?

a) Logroñense

b) Logroñés

c) Lucroniense

10- ¿Cuál es la capital de Montenegro?

a) Pogdorica

b) Montenegro

c) Kolasin

Respuestas XX

1- c

2- a

3- a

4- b

5- b

6- b

7- a

8- b

9- a

10- a

XXI

1- ¿Qué comunidad autónoma es la más grande de España?

a) Valencia

b) Castilla y León

c) Catalunya

2- ¿Cuál es el estado más extenso de los EEUU?

a) Alaska

b) New Orleans

c) Virginia

3- ¿Cuál es el periodo de las Guerras Napoleónicas?

a) 1803 – 1815

b) 1820 – 1840

c) 1812 – 1815

4- ¿De qué lengua proviene el español?

a) Griego

b) Germánico

c) Latín

5- ¿Cuál es la población de España?

a) 40 millones

b) 30 millones

c) 46'5 millones

6- ¿Qué países firmaron el tratado de Tordesillas el 7 de junio de 1494, en el que se estableció el reparto de las zonas de navegación y de los territorios a conquistar en el océano Atlántico y el Nuevo Mundo?

a) España e Italia

b) España y Francia

c) España y Portugal

7- ¿Cuál de las siguientes respuestas es sinónimo de regocijado?

a) Alegre

b) Aburrido

c) Triste

8- ¿A quién pertenece la obra «La vocación de San Mateo»?

a) Vincent van Gogh

b) Claude Monet

c) Caravaggio

9- ¿Cómo se llama a la cría de la cigüeña?

a) Cigueñita

b) Cigoñino

c) Cigüeña

10- ¿Cuál es la capital de Eslovaquia?

a) Viena

b) Cracovia

c) Bratislava

Respuestas XXI

1- b

2- a

3- a

4- c

5- c

6- c

7- a

8- c

9- b

10- c

XXII

1- ¿Quién inventó la bombilla en el año 1879?

a) Albert Einstein

b) Thomas Alva Edison

c) Isaac Newton

2- ¿Cuál fue el primer metal utilizado por el hombre?

a) Hierro

b) Cobre

c) Bronce

3- ¿Quién es el director de la película «Los otros»?

a) Alejandro Amenábar

b) Álex de la Iglesia

c) Juan Antonio Bayona

4- ¿Cuántas lenguas cooficiales existen en España?

a) 4

b) 3

c) 6

5- ¿Con qué nombre se conoce a la feria de turismo más importante de España?

a) Fetu

b) Ture

c) Fitur

6- ¿Con que nombre se conoce al cartógrafo alemán famoso por crear el primer mapa mundial que mostraba a América del Sur en un hemisferio separado?

a) Martin Waldseemüller

b) **Max Planck**

c) **Alexander von Humboldt**

7- ¿Cuál de las siguientes frases es la correcta?

a) Haber que vais a hacer esta tarde, tened cuidado

b) A ver qué vais a hacer esta tarde, tened cuidado

c) A ver qué vais a hacer esta tarde, tener cuidado

8- ¿A quién pertenece la obra «La maja vestida»?

a) Caravaggio

b) Joan Miró

c) Francisco de Goya

9- ¿Cómo se llama a la cría del ciervo?

a) Cervato

b) Cervatillo

c) Ciervito

10- ¿Cuál es la capital de Dinamarca?

a) Hamburgo

b) Copenhague

c) Praga

Respuestas XXII

1- b

2- b

3- a

4- a

5- c

6- a

7- b

8- c

9- a

10- b

XXIII

1- ¿De qué estilo arquitectónico es la Catedral de Notre Dame en París?

a) Gótico

b) Prerrománico

c) Neoclásico

2- ¿Cuál fue el periodo de la Guerra anglo-estadounidense:

a) 1800 - 1815

b) 1812 - 1815

c) 1810 – 1820

3- ¿Qué es un ovíparo?

a) Animales que tienen glándulas mamarias

b) Ambas son incorrectas

c) Animales que nacen de un huevo

4- ¿De qué se alimentan los omnívoros?

a) Plantas

b) Tanto de animales como de plantas.

c) Animales

5- ¿Dónde se encuentra la Sagrada Familia?

a) Barcelona

b) Girona

c) Valencia

6- ¿Qué papa introdujo el calendario gregoriano?

a) Gregorio V

b) Gregorio X

c) Gregorio XIII

7- ¿Cuál de las siguientes respuestas es antónimo de moderado?

a) Mesurado

b) Ambas son correctas

c) Extremado

8- ¿A quién pertenece la obra «El Coloso»?

a) Francisco de Goya

b) Leonardo da Vinci

c) Miguel Ángel

9- ¿Quién escribió «El estudiante de Salamanca»?

a) Jorge Luis Borges

b) José de Espronceda

c) Miguel de Cervantes

10- ¿Cuál es la capital de Noruega?

a) Oslo

b) Estocolmo

c) Helsinki

Respuestas XXIII

1- a

2- b

3- c

4- b

5- a

6- c

7- c

8- a

9- b

10- a

XXIV

1- ¿Cuál es el país con mayor extensión del mundo?

a) Alemania

b) Mongolia

c) Rusia

2- ¿Quién es el autor de la obra «El azar de la mujer rubia»?

a) Mario Vargas Llosa

b) Oscar Wilde

c) Manuel Vincent

3- ¿Quién es el director de la película «Mar adentro»?

a) Alejandro Amenábar

b) Pedro Almodóvar

c) Álex de la Iglesia

4- Los sonidos se clasifican en:

a) Fuertes y blandos

b) Graves y agudos

c) Duros y agudos

5- **¿Quién fue el presidente de los Estados Unidos durante la Segunda Guerra Mundial?**

a) Franklin D. Roosevelt

b) Thomas W. Wilson

c) Winston Churchill

6- **¿Cuál es la equivalencia del número romano LX?**

a) 40

b) 60

c) 50

7- **¿Cuál de las siguientes respuestas es sinónimo de ininteligible?**

a) Incomprensible

b) Enrevesado

c) Ambas son correctas

8- **¿A qué famoso pintor pertenece el siguiente retrato?**

a) Leonardo da Vinci

b) Pedro Pablo Rubens

c) Miguel Ángel

9- ¿Dónde se encuentra la Torre Picasso?

a) Bilbao

b) Barcelona

c) Madrid

10- ¿Cuál es la capital de Croacia?

a) Zagreb

b) Budapest

c) Tirana

Respuestas XXIV

1- c

2- c

3- a

4- b

5- a

6- b

7- c

8- a

9- c

10- a

XXV

1- ¿Cuál es el planeta que se encuentra más cerca del Sol?

a) Mercurio

b) Venus

c) Marte

2- ¿Quién inventó la vacuna antirrábica en el año 1885?

a) Louis Pasteur

b) Hapfkine

c) Edwar Jenner

3- ¿A qué cultivo le es suficiente el agua de la lluvia?

a) Monocultivos

b) Secano

c) Regadío

4- ¿Cuál es el grupo mayoritario dentro del islam?

a) Chiíes

b) Suníes

c) Ninguna es correcta

5- ¿Cuál de los siguientes libros no es de Alberto Vázquez-Figueroa?

a) 13 bandas y 48 estrellas

b) Tuareg

c) Manaos

6- ¿En qué año se inició la guerra de los Siete Años?

a) 1750

b) 1752

c) 1756

7- ¿A qué tiempo verbal corresponde la palabra «comer»?

a) Infinitivo

b) Sustantivo

c) Pretérito Perfecto

8- ¿A quién pertenece la obra «Crepúsculo en Venecia»?

a) Diego Velázquez

b) Claude Monet

c) Francisco de Goya

9- ¿Cómo se llama a la cría del conejo?

a) Gazapo

b) Liebre

c) Conejil

10- ¿Cuál es la capital de Polonia?

a) Kiev

b) Copenhague

c) Varsovia

Respuestas XXV

1- a

2- a

3- b

4- b

5- a

6- c

7- a

8- b

9- a

10- c

XXVI

1- ¿Por dónde pasa el meridiano 0° de Greenwich?

a) Italia

b) Por Castellón de la Plana

c) Por Ecuador

2- ¿Quién es el director de la película «Las brujas de Zugarramurdi»?

a) Alejandro Amenábar

b) Juan Antonio Bayona

c) Álex de la Iglesia

3- ¿Cuál es el elemento más abundante respiramos del aire?

a) Oxígeno

b) Gases nobles

c) Nitrógeno

4- ¿En qué continente se encuentra el Mont Blanc?

a) Europa

b) América

c) Asia

5- Después de los romanos, ¿quién dominó España?

a) Visigodos

b) Celtas

c) Cartagineses

6- ¿En qué año tuvo lugar la Declaración de Independencia de los Estados Unidos de América?

a) 1750

b) 1776

c) 1842

7- Es correcto tildar la palabra «Ruído».

a) Falso porque es llana terminada en vocal

b) Verdadero porque forma parte del diptongo

8- ¿En qué ciudad podemos encontrar la siguiente escultura?

a) Bruselas

b) París

c) Berlín

9- ¿Con qué nombre son conocidas las guerras entre Roma y Cartago?

a) Guerras romanas

b) Guerras púnicas

c) Guerras cartaginesas

10- ¿Cuál es la capital de Mauricio?

a) Antananarivo

b) Port Louis

c) Reunión

Respuestas XXVI

1- b

2- c

3- b

4- a

5- a

6- b

7- a

8- a

9- b

10- b

XXVII

1- ¿En qué localidad nació Diego Velázquez?

a) Sevilla

b) Valencia

c) Málaga

2- ¿En qué siglo nació Galileo Galilei?

a) XV

b) XVI

c) X

3- ¿Qué recorrido realizó la primera línea de tren de 1848?

a) Madrid - Sevilla

b) BCN - Mataró

c) Mataró – BCN

4- ¿Cuántos dientes tiene una persona adulta?

a) 20

b) 22

c) 32

5- ¿Quién ganó las elecciones presidenciales de Francia en abril de 2017?

a) Marine Le Pen

b) Brigitte Macron

c) Emmanuel Macron

6- ¿En qué año se independizó México del Imperio español?

a) 1820

b) 1821

c) 1822

7- ¿Cuál de las siguientes palabras es la correcta?

a) Preveer

b) Prever

c) Ambas son correctas

8- ¿A quién pertenece la obra «El gran canal de Venecia»?

a) Claude Monet

b) Édouard Manet

c) El Greco

9- ¿Cómo se llama a la cría del cuervo?

a) Corvato

b) Cuervón

c) Cuervato

10- ¿Cuál es la capital de Reino Unido?

a) Londres

b) Mánchester

c) Liverpool

Respuestas XXVII

1- a

2- b

3- b

4- c

5- c

6- b

7- b

8- b

9- a

10- a

XXVIII

1- ¿Quién es el director de la película «Todo sobre mi madre»?

a) Alejandro Amenábar

b) Pedro Almodóvar

c) Álex de la Iglesia

2- ¿Cuál es el área del arte en los premios Goya?

a) Mejores películas

b) Mejores canciones

c) Mejores interpretaciones

3- ¿Qué es más grande, un átomo o una célula?

a) Átomo

b) Cèl·lula

c) Ninguna es correcta

4- ¿Qué deporte practicaba Carl Lewis?

a) Boxeo

b) Fútbol

c) Atletismo

5- ¿Cuál fue el periodo de la Guerra de la Independencia Americana?

a) 1775 – 1783

b) 1770 - 1800

c) 1775 – 1780

6- ¿Quién compuso «La cuatro estaciones»?

a) Beethoven

b) Vivaldi

c) Bach

7- ¿Cuál de las siguientes frases es correcta?

a) Él vino

b) El vino

c) Ambas son correctas

8- ¿A quién pertenece la obra «Venus de Milo»?

a) Leonardo da Vinci

b) Miguel Ángel

c) Ninguna es correcta

9- Cómo se llama a la cría del águila?

a) Águila

b) Aguilucho

c) Aguileño

10- ¿Cuál es la capital de Marruecos?

a) Rabat

b) Marrakech

c) Casablanca

Respuestas XXVIII

1- b

2- a

3- b

4- c

5- a

6- b

7- c

8- c

9- b

10- a

XXIX

1- ¿Quién es el gobernante de Corea del Norte?

a) Kim Gongh

b) Moon Jae-in

c) Kim Jong-un

2- ¿En qué continente está República de Kazajistán?

a) Europa

b) Asia Central

c) Ambas son correctas

3- ¿Cuánto tarda la Tierra en dar la vuelta completa alrededor del Sol?

a) Un año

b) 6 meses

c) Dos años

4- ¿Cuál es el estilo arquitectónico de la iglesia de Santa María del Naranco de Oviedo?

a) Gótico

b) Prerrománico

c) Románico

5- ¿Qué país no tiene el euro como moneda?

a) Polonia

b) Irlanda

c) Finlandia

6- ¿En qué año se produjo el conflicto entre el Segundo Imperio francés y el Reino de Prusia conocido como la guerra franco-prusiana?

a) 1870 – 1871

b) 1850 – 1851

c) 1840 – 1841

7- ¿Cuál de las siguientes frases es la correcta?

a) El mismo arma

b) Ambas son correctas

c) La misma arma

8- ¿A quién pertenece el siguiente cuadro llamado «Anciano en pena»?

a) Pablo Picasso

b) Francisco de Goya

c) Vincent van Gogh

9- ¿En qué localidad se encuentra el Monasterio de El Escorial?

a) San Lorenzo de El Escorial

b) San Pedro de El Escorial

c) San Agustín de El Escorial

10- ¿Cuál es la capital de Chipre?

a) Beirut

b) Nicosia

c) Adana

Respuestas XXIX

1- a c

2- a

3- b a

4- c b

5- a

6- a

7- c

8- c

9- a

10- b

XXX

1- ¿En qué ciudad se encuentra la Real Basílica de San Isidoro?

a) Tarragona

b) Sevilla

c) León

2- ¿Cuál fue la primera película de Walt Disney?

a) Blancanieves y los siete enanitos

b) Bambi

c) Dumbo

3- ¿Cuál es el país con mayor porcentaje de budistas?

a) Japón

b) Camboya

c) China

4- ¿Cuál es el país con más camellos salvajes?

a) Marruecos

b) Guinea

c) Australia

5- ¿A qué temperatura hierve el agua?

a) 100 grados

b) 90 grados

c) 65 grados

6- ¿En qué año finalizó la construcción del ferrocarril transiberiano?

a) 1900

b) 1810

c) 1916

7- ¿A qué categoría gramatical pertenece la palabra «ambiental»?

a) Determinante

b) Sustantivo

c) Adjetivo

8- ¿A quién pertenece la obra «El bar del Folies Bergère»?

a) Salvador Dalí

b) Vincent Van Gogh

c) Édouard Manet

9- ¿En qué movimiento cultural encontraríamos a Antoine-Augustin Préault?

a) Romanticismo

b) Románico

c) Barroco

10- ¿Cuál es la capital de la República Checa?

a) Praga

b) Bratislava

c) Budapest

Respuestas XXX

1- c

2- a

3- b

4- c

5- a

6- c

7- c

8- c

9- a

10- a

XXXI

1- ¿Cuál es el primero de la lista de los números primos?

   a) 1

   b) 0

   c) 2

2- ¿Cuál es la montaña más alta de América?

   a) Aconcagua

   b) Nevado Ojos Salado

   c) Monte Pissis

3- ¿Qué son los humanos: omnívoros, herbívoros o carnívoros?

   a) Omnívoros

   b) Carnívoros

   c) Herbívoros

4- ¿Cómo se llama a la cría de la ballena?

   a) Ballena

b) Ballenato

c) Ballenita

5- ¿Cómo se llamaba el primer presidente de los Estados Unidos?

a) Abraham Lincoln

b) George Washington

c) Thomas Jefferson

6- ¿A qué se dedicaba Doménikos Theotokópoulos más conocido como «el Greco»?

a) Escritor

b) Pintor

c) Poeta

7- Sinónimo de dadivoso:

a) Generoso

b) Ostentoso

c) Agarrado

8- ¿A quién pertenece la obra «La elevación de la cruz»?

a) Caravaggio

b) Pedro Pablo Rubens

c) Edgar Degas

9- ¿Dónde se encuentra el Palacio Real, uno de los más grandes del mundo?

a) Barcelona

b) Valencia

c) Madrid

10- ¿Cuál es la capital de Mali?

a) Gambia

b) Niamey

c) Bamako

Respuestas XXXI

1- c

2- a

3- a

4- b

5- b

6- b

7- a

8- b

9- c

10- c

XXXII

1- ¿Quién ganó el premio Planeta 2018?

   a) Santiago Posteguillo

   b) Dolores Redondo

   c) Javier Sierra

2- ¿Cuál es el país con más cantidad de musulmanes?

   a) Indonesia

   b) Irán

   c) Irak

3- ¿Cuál es la equivalencia del número romano XC?

   a) 60

   b) 90

   c) 50

4- ¿Quién ganó el mundial de 2014?

   a) Brasil

   b) Alemania

c) España

5- ¿De qué estilo arquitectónico es la Catedral de Notre Dame en París?

a) Románico

b) Prerrománico

c) Gótico

6- ¿En qué año se publicó la primera parte de «El ingenioso hidalgo Don Quijote de la Mancha»?

a) 1405

b) 1505

c) 1605

7- Antónimo de exiguo:

a) Pequeño

b) Grande

c) Escaso

8- ¿A quién pertenece la obra «Los jugadores de naipes»?

a) Paul Cézanne

b) Edgar Degas

c) Rafael Sanzio

9- ¿En qué ciudad italiana se encuentra la Fontana de Trevi?

a) Milán

b) Roma

c) Florencia

10- ¿Cuál es la capital de Níger?

a) Niamey

b) Abuya

c) Dakar

Respuestas XXXII

1- a

2- a

3- b

4- b

5- c

6- c

7- b

8- a

9- b

10- a

XXXIII

1- ¿Cuál es el monolito más grande del mundo?

a) Zuma Roca, en Nigeria

b) Pena de Bernal, en México

c) Pan de Azúcar, en Brasil

2- ¿Cuál es el pájaro más pequeño del mundo?

a) Pardalote tasmano

b) Jilguero americano

c) Zunzuncito

3- ¿Cuál de los siguientes actores tiene más premios Goya?

a) Javier Bardem

b) Fernando Fernán Gómez

c) Juan Diego

4- ¿En qué año se abolió la esclavitud en Estados Unidos?

a) 1863

b) 1900

c) 1850

5- ¿Quién inventó la imprenta?

a) Thomas Alva Edison

b) Nikola Tesla

c) Johannes Gutemberg

6- ¿En qué año se publicó la segunda parte de «El ingenioso hidalgo Don Quijote de la Mancha»?

a) 1605

b) 1615

c) 1620

7- ¿A qué categoría gramatical pertenece la palabra «algún»?

a) Adjetivo

b) Determinante

c) Adverbio

8- ¿En qué lugar se encuentra la siguiente escultura de Salvador Dalí «Noblesse du temps»?

a) Andorra la Vella

b) Catalunya

c) Valencia

9- ¿Quiénes fueron los Reyes Católicos?

a) Carlos I de Aragón e Isabel I de Castilla

b) Felipe V e Isabel Farnesio

c) Fernando II de Aragón e Isabel I de Castilla

10- ¿Cuál es la capital de Rumania?

a) Budapest

b) Bucarest

c) Varna

Respuestas XXXIII

1- b

2- c

3- a

4- a

5- c

6- b

7- b

8- a

9- c

10- b

XXXIV

1- ¿Quién fue el inventor de la Máquina de vapor en el año 1769?

a) James Watt

b) Leonardo da Vinci

c) Isaac Newton

2- ¿Qué civilización inventó la rueda en el año 3.000 a. C?

a) Los sumerios

b) Los griegos

c) Los romanos

3- ¿Quién escribió la polémica obra "Sumisión"?

a) Armand Gatti

b) Max Gallo

c) Michel Houellebecq

4- **¿En qué lugar ocurrió el atentado que causó 22 muertos y más de un centenar de heridos durante un concierto de Ariana Grande el 22 de mayo de 2017?**

a) Charlie Hebdo

b) Bataclan

c) Manchester Arena

5- **¿En qué año se abolió la esclavitud en España?**

a) 1850

b) 1900

c) 1817

6- **¿Cuál de las siguientes guerras puso fin el Tratado de Westfalia?**

a) La guerra de los Treinta Años

b) La guerra de los Cien Años

c) La Primera Guerra Mundial

7- **¿Cuál de las siguientes palabras es una preposición?**

a) Ante

b) Entre

c) Ambas son correctas

8- ¿A quién pertenece la obra «Los desposorios de la Virgen»?

a) Edgar Degas

b) Rafael Sanzio

c) Miguel Ángel

9- ¿Cuál es la montaña más alta de España?

a) Mulhacén

b) Teide

c) Pico Aneto

10- ¿Cuál es la capital de Madagascar?

a) Antananarivo

b) Port Louis

c) Saint-Denis

Respuestas XXXIV

1- a

2- a

3- c

4- c

5- b

6- a

7- c

8- b

9- b

10- a

XXXV

1- ¿De qué ciudad era Pablo Ruiz Picasso?

a) Málaga

b) Valencia

c) Sevilla

2- ¿Según la mitología griega, quien fue el Rey de Ítaca?

a) Ramsés I

b) Odiseo

c) Hades

3- ¿Cómo se denomina a la madre del rio o arroyo?

a) Arroyo

b) Delta

c) Álveo

4- ¿A qué Dios adoraban los brahamanes de la India?

a) Brahman

b) HasShem

c) Alá

5- ¿Qué se agrega al hierro para hacer el acero?

a) Alumino

b) Carbono

c) Cobre

6- ¿Cuál de las siguientes obras pertenece al filósofo inglés Thomas Hobbes?

a) Leviatán

b) El ser y la nada

c) Todas son correctas

7- ¿A qué categoría gramatical pertenece la palabra «puerta»?

a) Sustantivo

b) Determinante

c) Adjetivo

8- ¿A quién pertenece la obra «La escuela de Atenas»?

a) Tiziano

b) Caravaggio

c) Rafael Sanzio

9- ¿Cuál es el gentilicio de Teruel?

a) Turolense

b) Teruelés

c) Teruelense

10- ¿Cuál es la capital de Rusia?

a) Vilna

b) Moscú

c) Varsovia

Respuestas XXXV

1- a

2- b

3- c

4- a

5- b

6- a

7- a

8- a

9- a

10- b

XXXVI

1- ¿Qué es la mitad de la mitad?

a) La décima parte

b) La cuarta parte

c) La octava parte

2- ¿Qué instrumento tocaba Paco de Lucía?

a) Guitarra

b) Piano

c) Violín

3- ¿Cómo se llama el miedo irracional a las alturas?

a) Tirofobia

b) Acrofobia

c) Ambas son correctas

4- ¿Cómo se llama a la energía contenida en el núcleo de los átomos?

a) Energía eléctrica

b) Energía nuclear

c) Energía cinética

5- ¿Cuántas vocales hay en triptongo?

a) Tres

b) Dos

c) Ninguna

6- ¿Cuál de estos filósofos no es considerado empirista?

a) John Locke

b) Francis Bacon

c) René Descartes

7- ¿Cuándo se acentúan las palabras esdrújulas?

a) Nunca

b) Siempre

c) Ninguna es correcta

8- ¿A quién pertenece la obra «El jardín de las delicias»?

a) El Bosco

b) Rembrandt

c) Diego Velázquez

9- ¿Cuál no es un gentilicio de Santander?

a) Santanderiense

b) Santanderino

c) Santaderense

10- ¿Cuál es la capital de Libia?

a) Trípoli

b) Argel

c) El Cairo

Respuestas XXXVI

1- c b

2- a

3- b

4- b

5- a

6- c

7- b

8- a

9- c

10- a

XXXVII

1- ¿Cuántos elementos tiene la tabla periódica?

a) 118

b) 102

c) 108

2- ¿Cuál es el río más largo del mundo?

a) Misisipi

b) Amazonas

c) Nilo

3- ¿Qué deporte practica profesionalmente Roger Federer?

a) Futbol

b) Tenis

c) Baloncesto

4- ¿Qué planeta se asemeja más a la Tierra en cuanto a masa y dimensiones?

a) Venus

b) Júpiter

c) Plutón

5- **¿En la radiodifusión qué significan las siglas AM y FM?**

a) Alta modulación y Baja modulación

b) Ninguna es correcta

c) Amplitud Modulada y Frecuencia Modulada

6- **¿En qué año se produjo la guerra de sucesión española?**

a) 1701

b) 1714

c) 1710

7- **¿Cuál de las siguientes oraciones es la correcta?**

a) He hecho los deberes

b) He echo los deberes

8- **¿A quién pertenece la obra «El beso»?**

a) Salvador Dalí

b) Gustav Klimt

c) El Greco

9- ¿Con qué nombre es conocido al movimiento llevado a cabo en Francia en 2018 de protestas, entre otras cosas, por la subida de los carburantes?

a) Sociedad protestante

b) Chalecos amarillos

c) Chalecos naranjas

10- ¿Cuál es la capital de Bulgaria?

a) Sofía

b) Belgrado

c) Tirana

Respuestas XXXVII

1- a

2- b

3- b

4- a

5- c

6- a

7- a

8- b

9- b

10- a

XXXVIII

1- ¿Dónde está ubicada la Casa Blanca?

a) New York

b) San Francisco

c) Washington D.C.

2- ¿Qué país regaló la Estatua de la Libertad a los EEUU?

a) Francia

b) Italia

c) Alemania

3- ¿En qué país se encuentra la Universidad de Cambridge?

a) Reino Unido

b) Estados Unidos

c) Alemania

4- ¿Quién es el autor de la obra «La vida es sueño»?

a) Federico García Lorca

b) Calderón de la Barca

c) Lope de Vega

5- ¿Cuál es el nombre de un triángulo que tiene dos lados de igual longitud?

a) Equilátero

b) Isósceles

c) Escaleno

6- ¿En qué año y ciudad se fundó la Real Academia Española?

a) 1714, Barcelona

b) 1713, Madrid

c) 1700, Cádiz

7- ¿Cuál de las siguientes oraciones es la correcta?

a) Sobre todo, acuérdate de venir

b) Sobretodo, acuérdate de venir

8- ¿A quién pertenece la obra «Alegoría de la Prudencia»?

a) Miguel Ángel

b) Tiziano

c) Paul Cézanne

9- ¿Con qué nombre se conoce a la temperatura en la que un sólido pasa a líquido a la presión atmosférica?

a) Punto de ebullición

b) Filtración

c) Punto de fusión

10- ¿Cuál es la capital de Kenia?

a) Nairobi

b) Kampala

c) Yuba

Respuestas XXXVIII

1- c

2- a

3- a

4- b

5- b

6- b

7- a

8- b

9- c

10- a

XXXIX

1- ¿Quién es el autor de «La gallina ciega»?

a) Velázquez

b) Goya

c) Murillo

2- ¿Cuál es el planeta más pequeño del sistema solar?

a) Venus

b) Mercurio

c) Marte

3- ¿Cómo se llama el triángulo que tiene sus tres lados iguales?

a) Equilátero

b) Isosceles

c) Escaleno

4- ¿Quién inventó el pararrayos en el año 1.752?

a) Thomas Savery

b) Galileo Galilei

c) Benjamin Franklin

5- ¿En qué ciudad de España se encuentra el museo Guggenheim?

a) Bilbao

b) Barcelona

c) Madrid

6- ¿En qué año se produjo la toma de la Bastilla?

a) 1789

b) 1640

c) 1714

7- ¿Por qué lleva tilde la palabra «leído»?

a) Porque es llana y acaba en vocal

b) Porque es aguda y acaba en vocal

c) Para señalar el hiato

8- ¿A quién pertenece la obra «Baile en el Moulin de la Galette»?

a) Pablo Picasso

b) Pierre-Auguste Renoir

c) Miguel Ángel

9- ¿En qué periodos se dividió la Edad de los Metales?

a) Edad de bronce y Edad de oro

b) Edad de oro y Edad de plata

c) Edad de bronce y Edad de hierro

10- ¿Cuál es la capital de Guinea Ecuatorial?

a) Abuya

b) Yaundé

c) Malabo

Respuestas XXXIX

1- b

2- b

3- a

4- c

5- a

6- a

7- c

8- b

9- c

10- c

XL

1- ¿Dónde podemos encontrar los orangutanes?

a) América

b) África

c) Asia

2- ¿Qué naciones participaron en la Batalla de Trafalgar?

a) España y Francia contra Inglaterra

b) Francia e Inglaterra contra Alemania

c) Francia y Alemania contra Inglaterra

3- ¿Cuál es el elemento con el número atómico 1?

a) Litio

b) Hidrógeno

c) Helio

4- ¿Qué significan las siglas FARC

a) Fuerzas Armadas Revolucionarias de Colombia

b) Fuerzas Armadas Revolucionarias de Chile

c) Fuerzas Armadas Revolucionarias de Combatientes

5- ¿Dónde se produjo la Guerra de Biafra?

a) Kenia

b) Nigeria

c) El Congo

6- ¿Dónde se desarrolló la primera civilización avanzada del mundo griego?

a) Troya

b) Creta

c) Atenas

7- ¿El nombre de los meses se escribe en mayúsculas?

a) Sí

b) No

c) Ambas son correctas

8- ¿Dónde se encuentra este monumento llamado «Ángel de la independencia»?

a) New York

b) México

c) Colombia

9- ¿Quién fue el último Zar de Rusia?

a) Alejandro III

b) Alejandro II

c) Nicolás II

10- ¿Cuál ha sido la última área colonizada por el hombre?

a) Siberia

b) Las islas de la Polinesia

c) África

Respuestas XL

1- c

2- a

3- b

4- a

5- b

6- b

7- b

8- b

9- c

10- b

XLI

1- ¿Qué día celebran los cristianos la festividad de la Epifanía de Jesús?

a) 21 de diciembre

b) 7 de abril

c) 6 de enero.

2- ¿Cuántas patas tiene la araña?

a) 6

b) 4

c) 8

3- ¿Cómo se llama el proceso por el cual las plantas obtienen alimento?

a) Fotosíntesis

b) Función clorofílica

c) Ambas son correcta

193

4- ¿Cuántas son las tradicionales posadas decembrinas de origen mexicano?

a) 9

b) 15

c) 10

5- ¿Quién es el autor de La Odisea?

a) Julio Verne

b) Homero

c) Shakespeare

6- ¿A qué filósofo pertenece la obra «Crítica de la razón pura»?

a) Thomas Hobbes

b) Immanuel Kant

c) Franz Kafka

7- Sinónimo de invariabilidad:

a) Uniformidad

b) Inmutabilidad

c) Ambas son correctas

8- ¿Quién escribió Ulises?

a) James Joyce

b) Virgilio

c) Homero

9- ¿Cuáles son los tres tipos principales de vasos sanguíneos?

a) Venas superior, venas inferior y glóbulos

b) Arterias, venas y capilares

c) Venas superior, venas inferior y capilares

10- ¿Cuál es la capital de Bolivia?

a) Sucre

b) Bogotá

c) Lima

Respuestas XLI

1- c

2- c

3- c

4- a

5- b

6- b

7- c

8- a

9- b

10- a

XLII

1- ¿Cuál es el idioma más antiguo de los que sobreviven en Europa?

a) Inglés

b) Vasco

c) Francés

2- ¿Cómo se llama el animal terrestre más rápido del mundo?

a) Guepardo

b) Avestruz

c) Leopardo

3- ¿Cuántos corazones tienen los pulpos?

a) 3

b) 1

c) 2

4- ¿Cuál es el área del arte protagonista en los premios Grammy?

a) Mejores actores

b) Mejores músicos

c) Ninguna es correcta

5- ¿En qué año fue Napoleón Bonaparte proclamado emperador de los franceses?

a) 1704

b) 1804

c) 1904

6- ¿En qué batalla fue derrotado Napoleón Bonaparte?

a) En la Batalla de Waterloo

b) En la Batalla de Poitiers

c) En la Batalla de Trafalgar

7- ¿Qué función sintáctica realiza el sintagma subrayado en la frase «por la calle ya no juegan niñas»?

a) Sujeto

b) Predicado

c) Complemento Indirecto

8- ¿A quién pertenece la obra «La primavera»?

a) Miguel Ángel

b) Leonardo da Vinci

c) Sandro Botticelli

9- ¿Quién es el director de la película «Hable con ella»?

a) Alejandro Amenábar

b) Álex de la Iglesia

c) Pedro Almodóvar

10- ¿Cuál es la capital de Gambia?

a) Banjul

b) Dakar

c) Bisáu

Respuestas XLII

1- b

2- a

3- a

4- b

5- b

6- a

7- a

8- c

9- c

10- a

XLIII

1- ¿En qué país se encuentra el río Sena?

a) Francia

b) Alemania

c) Hungría

2- ¿Quién es considerado el padre del psicoanálisis?

a) Jean Piaget

b) Sigmund Freud

c) Abraham Maslow

3- ¿Cuál es la nacionalidad de Pablo Neruda?

a) Chile

b) España

c) México

4- ¿Quién inventó el telescopio en el año 1610?

a) Thomas Savery

b) Isaac Newton

c) Galileo Galilei

5- ¿Cuánto miden los Pirineos?

a) 450 Km

b) 350 Km

c) 150 Km

6- ¿De quién es la obra «El origen de las especies»?

a) Albert Einstein

b) Leonardo da Vinci

c) Charles Darwin

7- ¿Por qué se acentúa «sé»?

a) Porque es un monosílabo

b) No se debe acentuar por ser un monosílabo

c) Porque, a pesar de ser monosílabo, es un acento diacrítico

8- ¿Quién pintó la bóveda de la Capilla Sixtina?

a) Leonardo da Vinci

b) El Bosco

c) Miguel Ángel

9- ¿Quién recibió el premio Princesa de Asturias de la Concordia en 2017?

a) Aldeas Infantiles SOS

b) Unión Europea

c) Sylvia Earle

10- ¿Cuál es la capital de Guinea?

a) Conakry

b) Freetown

c) Bisáu

Respuestas XLIII

1- a

2- b

3- a

4- c

5- a

6- c

7- c

8- c

9- b

10- a

XLIV

1- ¿Cuál es país más poblado de la Tierra?

a) China

b) India

c) Rusia

2- ¿Cuál es la Universidad presencial más grande de España?

a) Universidad de Salamanca

b) Universidad Complutense de Madrid

c) Universidad de Barcelona

3- ¿Qué tipo de célula contiene cloroplastos?

a) Célula vegetal

b) Célula animal

c) Ambas respuestas son correctas

4- ¿Cuál es el significado de Hispania?

a) Tierra de conejos

b) Tierra de hispanos

c) Tierra de lobos

5- ¿En qué país está el Kilimanjaro?

a) Kenia

b) Sudán

c) Tanzania

6- ¿En qué año declaró Estados Unidos la guerra a México?

a) 1846

b) 1812

c) 1852

7- Sinónimo de pedagogía:

a) Educación

b) Enseñanza

c) Ambas son correctas

8- ¿De quién es la obra «La libertad guiando al pueblo»?

a) Eugène Delacroix

b) Johannes Vermeer

c) Sandro Boticelli

9- ¿Quién compuso «El lago de los cisnes»?

a) Beethoven

b) Tchaikovsky

c) Vivaldi

10- ¿Cuál es la capital de Etiopia?

a) Bamako

b) Addis Abeba

c) Acra

Respuestas XLIV

1- b

2- b

3- a

4- a

5- c

6- a

7- c

8- a

9- b

10- b

XLV

1- ¿Cuál es la Universidad más antigua de España?

a) Universidad de Salamanca

b) Universidad Complutense de Madrid

c) Universidad de Barcelona

2- ¿Cuál es quinto planeta en el sistema solar?

a) Saturno

b) Júpiter

c) Plutón

3- ¿A cuántos metros equivale una milla marina?

a) 1832 km

b) 1800 km

c) 1852 km

4- ¿Dónde nace el río Támesis?

a) Alemania

b) Francia

c) Inglaterra

5- ¿A qué escritor pertenece la novela «Los miserables»?

a) Julio Cortázar

b) Víctor Hugo

c) Pablo Neruda

6- ¿Por qué provincia pasa el río Ebro?

a) Burgos

b) Valladolid

c) Cádiz

7- Señala la correcta:

a) La maratón

b) El maratón

c) Ambas son correctas

8- ¿A quién pertenece la obra «La joven de la perla»?

a) Rafael Sanzio

b) Johannes Vermeer

c) El Greco

9- ¿Cuál es la distancia al Sol?

a) 149.6 millones de kilómetros

b) 19.6 millones de kilómetros

c) 109.6 millones de kilómetros

10- ¿Cuál es la capital de Egipto?

a) El Cairo

b) Trípoli

c) Jartum

Víctor N.C.

Respuestas XLV

1- a

2- b

3- c

4- c

5- b

6- a

7- c

8- b

9- a

10- a

XLVI

1- ¿Cuál es la equivalencia del número romano C?

a) 90

b) 70

c) 100

2- ¿Con qué otro nombre se conoce a los glóbulos blancos?

a) Eritrocitos

b) Hematíes

c) Leucocitos

3- ¿Cómo se llama la ciencia que estudia las plantas?

a) Botánica

b) Biología

c) Horticultura

4- ¿Con qué nombre se conocen a las partículas con carga negativa del átomo?

a) Electrones

b) Protones

c) Neutrones

5- ¿Cuál de estas palabras es el pronombre personal de la segunda persona del singular?

a) Yo

b) Tú

c) Él

6- ¿En qué año y ciudad se creó la Cruz Roja?

a) 1863, Ginebra

b) 1963, Berlín

c) 1763, Roma

7- Sinónimo de exhorto:

a) Requerimiento

b) Manuscribir

c) Ambas son correctas

8- ¿A quién pertenece la obra «¿De dónde venimos? ¿Quiénes somos? ¿Adónde vamos?»?

a) Joan Miró

b) Paul Gauguin

c) Paul Cézanne

9- ¿Qué autor pertenece a la Generación del 27?

a) Gerardo Diego

b) Pío Baroja

c) Miguel de Unamuno

10- ¿Cuál es la capital de la Santa Sede?

a) Vaticano

b) Mónaco

c) Bari

Respuestas XLVI

1- c

2- c

3- a

4- a

5- b

6- a

7- c

8- b

9- a

10- a

XLVII

1- ¿Con qué nombre se conoce a la NASA europea?

a) ESA

b) NESA

c) NASA

2- ¿A qué clase de rocas pertenece el basalto?

a) Arcillosas

b) Volcánicas

c) Graníticas

3- ¿En qué país nace el río Rin?

a) Suiza

b) Francia

c) Alemania

4- ¿Cómo se denominan las grandes extensiones de mar?

a) Archipiélagos

b) Océanos

c) Mares mayores

5- ¿A qué símbolo pertenece el elemento Hierro de la tabla periódica?

a) Fe

b) Ne

c) Fr

6- ¿Quién inventó la primera máquina de escribir?

a) Johannes Gutenberg

b) Christopher Sholes

c) James Watt

7- ¿Cuál es la función sintáctica de los sintagmas subrayados en la oración siguiente?: «Hay <u>numerosos escritos</u> sobre su biografía»

a) Complemento directo

b) Complemento indirecto

c) Atributo

8- ¿A quién pertenece el siguiente cuadro?

a) Pablo Picasso

b) Vincent van Gogh

c) Diego Velázquez

9- ¿En qué movimiento cultural se encuentra Pedro Pablo Rubens?

a) Renacimiento

b) Románico

c) Barroco

10- ¿Cuál es la capital de Bosnia-Herzegovina?

a) Trípoli

b) Sarajevo

c) Belgrado

Respuestas XLVII

1- a

2- b

3- a

4- b

5- a

6- b

7- a

8- b

9- c

10- b

XLVIII

1- ¿Cuál es el nombre del primer parque nacional del mundo?

a) Archipiélago de Cabrera

b) Parque Nacional de Yellowstone

c) Parque nacional de las Secuoyas

2- ¿En qué periodo se libraron la guerra de las Galias?

a) 58 a. C. – 51 a. C.

b) 51 d. C. – 60 d. C.

c) 58 d. C. – 60 d. C.

3- ¿Quién es la actriz que ha ganado más premios Oscar en la historia?

a) Katharine Hepbrun

b) Meryl Streep

c) Emma Stone

4- ¿En qué año se produjo la Revolución Francesa?

a) 1879

b) 1890

c) 1789

5- ¿Qué día empezó la Guerra Civil Española?

a) 17 de febrero de 1936

b) 17 de diciembre de 1936

c) 17 de julio de 1936

6- ¿Quién asesinó a Abraham Lincoln?

a) John Wilkes

b) John Smith

c) Tom Taylor

7- ¿Cuál de las siguientes palabras es correcta?

a) Incohar

b) Incoar

c) Ambas son correctas

8- ¿A quién pertenece la obra «Amor sacro y amor profano»?

a) Tiziano

b) Vincent van Gogh

c) Claude Monet

9- ¿Dónde desemboca el río Rin?

a) Mar Negro

b) Mar Muerto

c) Mar del Norte

10- ¿Cuál es la capital del Congo?

a) Brazzaville

b) Yaundé

c) Bangui

Respuestas XLVIII

1- b

2- a

3- a

4- c

5- c

6- a

7- b

8- a

9- c

10- a

XLIX

1- ¿Cuál es el tercer planeta en el sistema solar?

a) Venus

b) Marte

c) La Tierra

2- ¿A qué generación pertenece Miguel de Unamuno?

a) 27

b) 95

c) 98

3- ¿Cómo se llamaba el primer presidente de los Estados Unidos?

a) George Washington

b) Thomas Jefferson

c) Abraham Lincoln

4- ¿Con qué mar se comunica el Mar Mediterráneo a través del Canal de Suez?

a) Mar muerto

b) Mar Rojo

c) Mar Negro

5- ¿Quién es el autor de «El Quijote»?

a) William Shakespeare

b) Miguel de Cervantes

c) Gabriel García Márquez

6- ¿A quién pertenece la obra El Capital?

a) René Descartes

b) Tomás de Aquino

c) Karl Marx

7- ¿Cuál de las siguientes palabras es correcta?

a) Frito

b) Freído

c) Ambas son correctas

8- ¿A quién pertenece la obra «La bella jardinera»?

a) Rafael Sanzio

b) Tiziano

c) Paul Cézanne

9- ¿En qué país nace el río Volga?

a) Rumania

b) Rusia

c) Hungría

10- ¿Cuál es la capital de Serbia?

a) Yaundé

b) Minsk

c) Belgrado

Respuestas XLIX

1- c

2- c

3- a

4- b

5- b

6- c

7- c

8- a

9- b

10- c

L

1- ¿Cuál es el lago más profundo del mundo?

a) Lago Baikal

b) Lago Malawi

c) Lago Tanganica

2- ¿Cuál es el periodo de la Guerra de los 100 años?

a) 1250 - 1265

b) 1300 - 1410

c) 1337 – 1457

3- ¿En qué país se encuentra la Universidad de Stanford?

a) Reino Unido

b) Estados Unidos

c) Canadá

4- ¿En qué país nace el río Danubio?

a) Rumania

b) Hungría

c) Alemania

5- ¿Cuál es la ciudad más poblada mundo?

a) Delhi

b) Tokio

c) Bombay

6- ¿En qué país se encuentra el canal de Suez?

a) Argelia

b) Egipto

c) Bulgaria

7- Se escribe con «b» toda palabra en que el sonido «b» preceda a otra consonante.

a) Verdadero

b) Falso

8- ¿A quién pertenece la obra «Impresión, sol naciente»?

a) Claude Monet

b) Sandro Botticelli

c) Miguel Ángel

9- ¿En qué año empezó la campaña contra el terrorismo impulsada por Estados unidos?

a) 2000

b) 2001

c) 2002

10- ¿Cuál es la capital de Argelia?

a) Argel

b) Niamey

c) Abuya

Respuestas L

1- a

2- c

3- b

4- c

5- b

6- b

7- a

8- a

9- b

10- a

LI

1- ¿Cuál es la extensión de España?

a) 650.050 Km2

b) 220.250 Km2

c) 504.750 Km2

2- ¿Qué nombre tenía la bomba atómica lanzada en Nagasaki?

a) Fat Man

b) Little Man

c) Little Boy

3- ¿Dónde se ubica el contenido de «La Odisea»?

a) Después de la Guerra Troyana

b) Antes de la Guerra Troyana

c) Durante la Guerra Troyana

4- ¿Quién es el autor de la obra «Las señoritas de

Avignon»?

a) Lope de Vega

b) Picasso

c) Federico García Lorca

5- ¿Qué enfermedad padecía Stephen Hawking?

a) Enfermedad de Paget

b) Enfermedad de Perthes

c) Esclerosis Lateral Amiotrófica

6- ¿En qué año se produjo la primera huelga general en España?

a) 1840

b) 1872

c) 1855

7- Se escribe «n» antes de «b» y «p».

a) Verdadero

b) Falso

8- ¿A quién pertenece la obra «La maja desnuda»?

a) Rembrandt

b) Francisco de Goya

c) El greco

9- ¿Cómo se denomina la cría de la oveja?

a) Ambas son correctas

b) Chivo

c) Cordero

10- ¿Cuál es la capital de Suecia?

a) Oslo

b) Estocolmo

c) Helsinki

Respuestas LI

1- c

2- a

3- a

4- b

5- c

6- c

7- b

8- b

9- c

10- b

LII

1- ¿En qué año se produjo la batalla de Verdúm?

   a) 1916

   b) 1816

   c) 1716

2- ¿Cuántos años tiene un lustro?

   a) 10

   b) 5

   c) 3

3- ¿De qué se alimentan los koalas?

   a) Carroña

   b) Huevos

   c) Hojas de eucalipto

4- ¿Cuál es el ave voladora más grande del mundo?

   a) Cóndor Andino

   b) Avestruz

c) Albatros

5- ¿Qué desierto es el más seco del mundo?

a) Desierto de Atacama

b) Desierto del Sáhara

c) Desierto de Arabia

6- ¿Quién inventó el motor diésel?

a) Rudolf Diesel

b) Thomas Savery

c) Edward Somerset

7- Sinónimo de indolente:

a) Vago

b) Laborioso

c) Activo

8- ¿A quién pertenece la obra «Naturaleza muerta con manzanas y naranjas»?

a) Edvard Munch

b) Paul Cézanne

c) Pedro Pablo Rubens

9- ¿A qué estilo arquitectónico pertenece la Basílica de Nuestra Señora del Pilar de Zaragoza?

a) Románico

b) Barroco

c) Bizantino

10- ¿Cuál es la capital de Vietnam?

a) Hanói

b) Nom Pen

c) Bangkok

Respuestas LII

1- a

2- b

3- c

4- a

5- a

6- a

7- a

8- b

9- b

10- a

LIII

1- ¿Quién pintó «La Scapigliata»?

  a) Pablo Picasso

  b) Salvador Dalí

  c) Leonardo da Vinci

2- ¿Cuántos viajes hizo Cristóbal Colón a América?

  a) 3

  b) 4

  c) 1

3- ¿Cuál es el disco más vendido de la historia?

  a) Their Greatest Hits

  b) Thriller

  c) Back in Black

4- ¿Cuál es el ave voladora más pesada del mundo en la actualidad?

  a) Avutarda Kori

b) Cóndor

c) Buitre Común

5- ¿Cuál fue el periodo de la 1ª Guerra Mundial?

a) 1914 – 1918

b) 1936 – 1939

c) 1915 – 1917

6- ¿En qué año tuvo lugar la guerra de Cuba?

a) 1898

b) 1792

c) 1812

7- Se escribe con «v» después de la sílaba «ad».

a) Verdadero

b) Falso

8- ¿A quién pertenece la obra «El estanque de Ninfeas»?

a) Claude Money

b) Diego Velázquez

c) Miguel Ángel

9- Los mamíferos son animales de sangre:

a) Caliente

b) Fría

c) Ambas son correctas

10- ¿Cuál es la capital de Suiza?

a) Turín

b) Berna

c) Zúrich

Respuestas LIII

1- c

2- b

3- a

4- a

5- a

6- a

7- a

8- a

9- a

10- b

LIV

1- ¿Cuál es el río más largo de España?

a) Tajo

b) Ebro

c) Duero

2- ¿Cuál es la segunda montaña más alta del mundo?

a) Everest

b) K2

c) Makalu

3- ¿Cuál fue la mejor película en los Globos de Oro 2017:

a) Hasta el último hombre

b) Moonlight

c) La La Land

4- ¿Quién descubrió Perú?

a) Cristóbal Colón

b) Juan Ponce de León

c) Francisco Pizarro

5- ¿En qué estilo se encuadra el pintor Pablo Picasso?

a) Surrealismo

b) Modernismo

c) Cubismo

6- ¿Quién escribió la obra «La interpretación de los sueños»?

a) Sigmund Freud

b) William James

c) Carl Rogers

7- Escoja la oración correcta:

a) Hay de aquellos que lo hagan mal

b) Ahí de aquellos que lo hagan mal

c) Ay de aquellos que lo hagan mal

8- ¿A quién pertenece la obra «La balsa de la Medusa»?

255

a) Salvador Dalí

b) Théodore Géricault

c) Francisco de Goya

9- ¿Cómo pueden ser los determinantes numerales?

a) Cardinales

b) Ordinales

c) Ambas son correctas

10- ¿Cuál es la capital de Taiwán?

a) Taichung

b) Taiyuan

c) Taipéi

Respuestas LIV

1- a

2- b

3- b

4- c

5- c

6- a

7- c

8- b

9- c

10- c

LV

1- ¿Cuántos cantos tiene la Odisea?

a) 20

b) 12

c) 24

2- ¿Quién compuso «Los Conciertos de Brandeburgo»?

a) Beethoven

b) Bach

c) Vivaldi

3- ¿Cómo se llama el himno nacional de Francia?

a) La Marsellesa

b) Himno Real

c) El Gran Carlemany

4- ¿Cuántas provincias hay en la Comunidad Valenciana?

a) 3

b) 4

c) 5

5- ¿Cómo se llama la parte comprendida entre la falda y la cima de las montañas?

a) Valle

b) Ladera

c) Cumbre

6- ¿Quién formuló la teoría de la relatividad?

a) Isaac Newton

b) Nikola Tesla

c) Albert Einstein

7- ¿Qué palabra es la correcta?

a) Metereología

b) Meteorología

8- ¿A quién pertenece la obra «La masacre de los inocentes»?

a) Pedro Pablo Rubens

b) Tiziano

c) Paul Cézanne

9- ¿Qué autor pertenece a la Generación del 98?

a) Ramiro de Maeztu

b) Rafael Alberti

c) Luis Cernuda

10- ¿Cuál es la capital de Tailandia?

a) Bangkok

b) Vientián

c) Hanói

Respuestas LV

1- c

2- b

3- a

4- a

5- b

6- c

7- b

8- a

9- a

10- a

LVI

1- ¿Quién fue el ganador del premio Planeta de 2018?

a) Santiago Posteguillo

b) Ayanta Barilli

c) Javier Sierra

2- ¿Qué premio nobel le concedieron en 1977 a Vicente Aleixandre?

a) De ciencia

b) De literatura

c) De medicina

3- ¿Cuál es el lago más grande de Los Grandes Lagos de América del Norte?

a) Erie

b) Ontario

c) Superior

4- ¿Dónde se encuentra la zona arqueológica de Chichén Itzá?

a) Yucatán, México

b) Cusco, Perú

c) Ninguna es correcta

5- ¿Cuál es el estilo arquitectónico de la Catedral de Notre Dame?

a) Renacentismo

b) Modernismo

c) Gótico

6- ¿Cuál de los siguientes pintores encabezó el movimiento cubista?

a) Pablo Picasso

b) Salvador Dalí

c) Piet Mondrian

7- ¿Qué oración es la correcta?

a) Les dijo la verdad a sus padres

b) Le dijo la verdad a sus padres

8- ¿A quién pertenece la obra «La creación de Adán»?

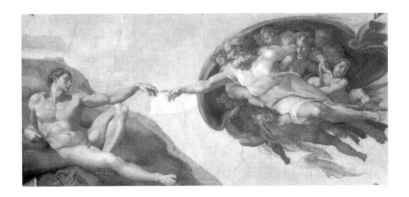

a) Miguel Ángel

b) Leonardo da Vinci

c) Diego Velázquez

9- ¿Cuál no es el gentilicio de Jaén?

a) Jienense

b) Jaenense

c) Jaenés

10- ¿Cuál es la capital de Siria?

a) Bagdad

b) Beirut

c) Damasco

Respuestas LVI

1- a

2- b

3- c

4- a

5- c

6- a

7- a

8- a

9- b

10- c

LVII

1- ¿Qué premio nobel le concedieron en 1906 a Juan Ramón Jiménez?

a) De ciencia

b) De literatura

c) De medicina

2- ¿Cuál es la Universidad más antigua de Europa?

a) Universidad de Barcelona

b) Universidad de Salamanca

c) Universidad de Bolonia

3- ¿Cuántos polos tiene un imán?

a) Tres

b) Cuatro

c) Dos

4- ¿Cuál no es una unidad de fuerza?

a) Kilogramo

b) Kilopondio

c) Newton

5- ¿Quién escribió «La casa de Bernarda Alba»?

a) Federico García Lorca

b) Miguel de Unamuno

c) Pío Baroja

6- ¿Qué océanos une el canal de Panamá?

a) Océano Atlántico y océano Pacífico

b) Océano Índico y océano Atlántico

c) Océano Pacífico y océano Índico

7- ¿Cuándo lleva tilde la palabra «ti»?

a) Siempre

b) Nunca

c) En ocasiones

8- ¿A quién pertenece la obra «Las tres Gracias»?

a) Francisco de Goya

b) El Bosco

c) Pedro Pablo Rubens

9- ¿Quién recibió el premio Princesa de Asturias de la Concordia en 2016?

a) Aldeas Infantiles SOS

b) Unión Europea

c) Sylvia Earle

10- ¿Cuál es la capital de Pakistán?

a) Islamabad

b) Kabul

c) Teherán

Respuestas LVII

1- b

2- c

3- c

4- a

5- a

6- a

7- b

8- c

9- a

10-   a

LVIII

1- Si 50 es el 100%, ¿cuánto es el 90%?

   a) 45

   b) 40

   c) 35

2- ¿Cuál es el animal más grande del mundo?

   a) Calamar gigante

   b) Ballena Azul

   c) Elefante

3- ¿De qué escritor es la obra «Gabo contesta»?

   a) Ernest Hemingway

   b) Mario Vargas Llosa

   c) Gabriel García Márquez

4- ¿Cómo se llama el armazón de los aviones?

   a) Tren de aterrizaje

   b) Superficie

c) Fuselaje

5- ¿En qué año se aprobó la actual Constitución de Cádiz?

a) 1812

b) 1878

c) 1850

6- ¿Quién fue el predecesor del líder Lenin?

a) Nicolás II

b) Iósif Stalin

c) Alekséi Rysov

7- Seleccione la forma correcta:

a) 50%

b) 50 %

8- ¿A quién pertenece la obra «El descendimiento de la cruz»?

a) Miguel Ángel

b) Gustav Klimt

c) Pedro Pablo Rubens

9- ¿Quién compuso «Claro de Luna»?

a) Beethoven

b) Tchaikovsky

c) Vivaldi

10- ¿Cuál es la capital del Nepal?

a) Seúl

b) Hanói

c) Katmandú

Respuestas LVIII

1- a

2- b

3- c

4- c

5- a

6- b

7- b

8- c

9- a

10- c

LIX

1- ¿De qué material están hechos los monolitos?

a) Hierro

b) Tierra

c) Piedra

2- ¿Qué nombre recibe el eclipse cuando la Luna oculta el Sol dejando un círculo luminoso exterior en forma de corona?

a) Eclipse total

b) Eclipse Anular

c) Eclipse parcial

3- ¿Qué pseudónimo utilizó Charlotte Brontë para poder publicar «Jane Eyre»?

a) Currer Bell

b) W. S.

c) John Smith

4- ¿En qué año finalizó el renacimiento?

a) 600

b) 1600

c) 1800

5- ¿En qué país desemboca el río Danubio?

a) Alemania

b) Rumanía

c) Hungría

6- ¿Quién es el autor del libro «Impresiones y paisajes»?

a) Federico García Lorca

b) Jorge Luis Borges

c) Gabriel García Márquez

7- ¿Cuál es la forma correcta?

a) Período

b) Periodo

c) Ambas son correctas

8- ¿A quién pertenece la obra «La Asunción de la Virgen»?

a) Tiziano

b) Edgar Degas

c) Rafael Sanzio

9- ¿Qué es la polisemia?

a) Fenómeno que se presenta cuando una misma palabra tiene varios significados

b) Fenómeno que se presenta cuando varias palabras tienen un significado

c) Fenómeno que se presenta cuando una misma palabra tiene un solo significado

10- ¿Cuál es la capital de Austria?

a) Bratislava

b) Praga

c) Viena

Respuestas LIX

1- c

2- b

3- a

4- b

5- b

6- a

7- c

8- a

9- a

10- c

LX

1- ¿En qué ciudad se encuentran las torres Petronas?

a) Pekín

b) Tokio

c) Kuala Lumpur

2- ¿Cuál es el río más largo de Europa?

a) Volga

b) Danubio

c) Don

3- ¿En qué siglo comenzó la invasión musulmana de la Península Ibérica?

a) S. VIII

b) S. VI

c) S.VII

4- ¿Quién fue el primero en decir que la Tierra orbita alrededor del Sol?

a) Galileo Galilei

b) Copérnico

c) Aristarco de Samos

5- ¿Dónde se encuentra ubicado el Monumento Nacional Monte Rushmore?

a) Dakota del Norte

b) Texas

c) New York

6- ¿Qué tratado tuvo lugar al finalizar la Primera Guerra Mundial?

a) Tratado de Verdún

b) Tratado de Versalles

c) Tratado de Moscú

7- ¿Cuál es la oración correcta?

a) Se rebeló y dijo que no lo haría

b) Se reveló y dijo que no lo haría

c) Se rebeló y dijo que no lo haria

8- ¿A quién pertenece la obra «El nacimiento de Venus»?

a) Sandro Botticelli

b) Miguel Ángel

c) El Bosco

9- ¿Cómo se llama el miedo irracional a las tormentas, truenos o relámpagos?

a) Astrofobia

b) Astrafobia

c) Tormentafobia

10- ¿Cuál es la capital de Malasia?

a) Brunéi

b) Kuala Lumpur

c) Singapur

Respuestas LX

1- c

2- a

3- a

4- c

5- a

6- b

7- a

8- a

9- b

10- b

LXI

1- ¿Cuál era el verdadero nombre de Pablo Neruda?

   a) Juan de Dios de los Reyes

   b) Ricardo Eliécer Neftalí Reyes Basoalto

   c) José Castro Alcaide

2- ¿Cuántos volcanes hay activos en el mundo?

   a) 100

   b) 500

   c) 1500

3- ¿A qué velocidad viaja la luz por un hipotético vacío?

   a) 299.792.458 metros por segundo

   b) 299.792.458 kilómetros por segundo

   c) 199.792.458 metros por segundo

4- ¿Quién inventó la televisión?

   a) Nikola Tesla

   b) John Logie Baird

c) Guillermo Marconi

5- ¿Qué tipo de roca es el mármol?

a) Sedimentaria

b) Ígnea

c) Metamórfica

6- ¿En qué año se produjo la gran crisis económica estadounidense?

a) 1945

b) 1929

c) 1914

7- ¿Cuál es la forma correcta?

a) Guión

b) Guion

c) Ambas son correctas

8- ¿A quién pertenece la obra «El juicio final»?

a) Miguel Ángel

b) Leonardo da Vinci

c) El Greco

9- ¿Cómo se llama el miedo irracional a la sangre?

a) Hematofobia

b) Hemofobia

c) Sangrefobia

10- ¿Cuál es la capital de Japón?

a) Pekín

b) Tokio

c) Nom Pen

Respuestas LXI

1- b

2- c

3- a

4- b

5- c

6- b

7- b

8- a

9- b

10- b

LXII

1- ¿Cuál de los siguientes tratados garantiza la libre circulación de personas y bienes por la Unión Europea?

a) Tratado de Schengen

b) Tratado de Ámsterdam

c) Tratado de Bruselas

2- ¿En qué año empezó a circular el euro?

a) 2000

b) 2001

c) 2002

3- Las rocas están formadas de uno o más minerales.

a) Verdadero

b) Falso

4- ¿Qué emperador romano convirtió, mediante el Edicto de Tesalónica, el cristianismo como religión oficial del Imperio romano?

a) Constantino I

b) Valentiniano

c) Teodosio I

5- ¿Qué siglos abarca la Edad Media?

a) Siglo X a siglo XV

b) Siglo V a siglo XV

c) Siglo VI a siglo X

6- ¿En qué año se produjo la caída del Imperio romano de Oriente?

a) 1453

b) 1753

c) 1753

7- Escoge la palabra bien escrita:

a) Adversión

b) Aversión

c) Ambas son correctas

8- ¿A quién pertenece la obra «El caminante sobre el mar de nubes»?

a) Caspar David Friedrich

b) Claude Monet

c) Francisco de Goya

9- ¿En qué año nació el fundador del islam Mahoma?

a) 270

b) 470

c) 570

10- ¿Cuál es la capital de China?

a) Tokio

b) Pekín

c) Taipéi

Respuestas LXII

1- a

2- c

3- a

4- c

5- b

6- a

7- b

8- a

9- c

10- b

LXIII

1- ¿En qué lugar se inventó la pólvora?

a) China

b) Alemania

c) Estados Unidos

2- ¿Bajo qué tratado se dividió el Imperio franco en tres reinos?

a) Tratado de Versalles

b) Tratado de Ámsterdam

c) Tratado de Verdún

3- ¿En qué siglo se produjo la primera cruzada?

a) Siglo X

b) Siglo XI

c) Siglo V

4- ¿En qué año llegó a Europa la peste negra o bubónica?

a) 1347

b) 1147

c) 1047

5- Las rocas metamórficas pueden provenir de rocas sedimentarias, ígneas o incluso metamórficas.

a) Verdadero

b) Falso

6- ¿Quién fue el primer presidente del Gobierno?

a) Felipe González

b) Calvo-Sotelo

c) Adolfo Suárez

7- Escoge la frase correcta:

a) Hubo problemas para acceder

b) Hubieron problemas para acceder

c) Ambas son correctas

8- ¿A quién pertenece la obra «Lirios»?

a) Paul Cézanne

b) Vincent van Gogh

c) Sandro Botticelli

9- ¿En qué año empezó la guerra de Corea?

a) 1949

b) 1950

c) 1946

10- ¿Cuál es la capital de Australia?

a) Canberra

a) Kuala Lumpur

b) Manila

Respuestas LXIII

1- a

2- c

3- b

4- a

5- a

6- c

7- a

8- b

9- b

10- a

LXIV

1- ¿Con qué nombre se conoce a las moléculas que forman los liposomas?

a) Fosfolípidos

b) Glicolípidos

c) Cardiolípidos

2- ¿En qué año entró en vigor el tratado de Maastricht?

a) 1990

b) 1991

c) 1993

3- ¿En qué año entró España en la CEE?

a) 1986

b) 1982

c) 1992

4- Todo número racional es real.

a) Verdadero

b) Falso

5- ¿Cuál es la capital europea situada a mayor altura?

a) Madrid

b) Bruselas

c) Berlín

6- ¿Cuál es el símbolo químico del Hidrógeno?

a) H2

b) H

c) Hd

7- Escoge la palabra correcta:

a) Idiosincrásico

b) Idiosincrático

c) Ambas son correctas

8- ¿A quién pertenece la obra «El grito»?

a) Vincent van Gogh

b) Edvard Munch

c) Leonardo da Vinci

9- ¿En qué famosa batalla murió el teniente coronel George Armstrong Custer?

a) Guerra Civil Americana

b) Batalla de Little Bighorn

c) Batalla de Old River Lake

10- ¿Cuál es la capital de Irán?

a) Teherán

b) Tel Aviv

c) Bagdad

Respuestas LXIV

1- a

2- c

3- a

4- a

5- a

6- b

7- c

8- b

9- b

10- a

LXV

1- ¿Quién inició el movimiento religioso conocido como la **Reforma protestante?**

a) **John Wycliffe**

b) Martín Lutero

c) Johann Tetzel

2- ¿Cuál es el símbolo químico del calcio?

a) Ca

b) C

c) Cal

3- ¿Con qué nombre se conoce al «Siglo de las luces»?

a) Ilustración

b) Realismo

c) Barroco

4- ¿En qué guerra tuvo lugar el desembarco de Normandía?

a) I Guerra Mundial

b) II Guerra Mundial

c) Guerra de los cien años

5- ¿De quién es la frase «pienso, luego existo»?

a) René Descartes

b) Sócrates

c) Karl Marx

6- ¿En qué año llegó el hombre a la Luna?

a) 1989

b) 1969

c) 1979

7- Escoge la frase correcta:

a) Corre, ves a la tienda

b) Corre, ve a la tienda

c) Ninguna es correcta

8- ¿Cuántas maravillas hay en el mundo antiguo?

a) 10

b) 11

c) 7

9- ¿Quién escribió «Oliver Twist»?

a) Charles Dickens

b) Ernest Hemingway

c) Miguel de Cervantes

10- ¿Cuál es la capital de Afganistán?

a) Kabul

b) Lahore

c) Teherán

Respuestas LXV

1- b

2- a

3- a

4- b

5- a

6- b

7- b

8- c

9- a

10- a

LXVI

1- ¿Qué desató el asesinato del Archiduque de Austria?

   a)   **La Segunda Guerra Mundial**

   b)   La Primera Guerra Mundial

   c)   La Guerra de los Cien Años

2- ¿Qué es la tecnocracia?

   a)   Forma de gobierno en el que los cargos públicos son políticos

   b)   Forma de gobierno en el que los cargos de gobierno son especialistas en sectores productivos o de conocimiento

   c)   Forma de gobierno donde no ha cargos de gobierno

3- ¿En qué parte del cuerpo se encuentra el tendón de Aquiles?

   a)   Rodilla

b)   Mano

c)   Pie

4- ¿Cuál de los siguientes nombres no corresponde a un órgano?

a)   Bazo

b)   Faringe

c)   Vejiga

5- ¿En qué año ocurrió el desastre nuclear de Chernóbil?

a)   1986

b)   1976

c)   1996

6- ¿Qué fue el estraperlo?

a)   Comercio ilegal de bienes sometidos a algún tipo de impuesto o tasa

b)   Comercio legal de bienes sometidos a algún tipo de impuesto o tasa

c)   Comercio legal de bienes no sometidos a algún tipo de impuesto o tasa

7- ¿A qué equivale la expresión «rasgarse las vestiduras»?

a) Enfadarse

b) Escandalizarse

c) Ilusionarse

8- ¿En qué ciudad se encuentra el Coliseo de Italia?

a) Florencia

b) Roma

c) Milán

9- ¿Quién inventó el fonógrafo para grabar y reproducir la voz humana?

a) Thomas Alva Edison

b) Alexander Graham Bell

c) Nikola Tesla

10- ¿Cuál es la capital de Albania?

a) Podgorica

b) Tirana

c) Sarajevo

Respuestas LXVI

1- b

2- b

3- c

4- b

5- a

6- a

7- b

8- b

9- a

10- b

LXVII

1- **Relaciona el concepto proteccionismo con su definición:**

a) Política económica que intenta favorecer la producción nacional frente a la extranjera aplicando aranceles a las importaciones

b) Política económica que intenta favorecer la producción extranjera frente a la nacional aplicando aranceles a las importaciones

2- **¿En qué año fue el ataque de Japón a la base militar Pearl Harbor?**

a) 1945

b) 1941

c) 1940

3- **¿Qué nombre recibe el cuerpo geométrico de doce caras?**

a) Dodecaedro

b) Decaedro

c) Endecaedro

4- ¿Qué son las selfactinas?

a) Máquinas para la imprenta

b) Máquinas para la fabricación de comestibles

c) Máquinas automáticas de hilar

5- ¿Qué término se utiliza para el estudio y coleccionismo de monedas?

a) Numismática

b) Monetario

c) Filatelia

6- ¿En qué fecha se libró la guerra de Vietnam?

a) 1945 - 1975

b) 1955 - 1975

c) 1965 - 1975

7- ¿Cuál es el tipo de texto más adecuado para el ensayo?

a) La narración

b) El diálogo

c) La argumentación

8- ¿Quién escribió Platero y yo?

a) Juan Ramón Jiménez

b) José Echegaray

c) Miguel de Cervantes

9- ¿Qué es el librecambismo?

a) Política económica según la cual, la actividad económica debe desenvolverse sin la intervención del Estado

b) Política económica según la cual, la actividad económica debe desenvolverse con la intervención del Estado

10- ¿Cómo murió el filósofo Sócrates?

a) Condenado a la horca

b) Condenado a la guillotina

c) Condenado a beber cicuta

Respuestas LXVII

1- a

2- b

3- a

4- c

5- a

6- b

7- c

8- a

9- a

10- c

LXVIII

1- ¿En qué consistió el ludismo?

a) Fue un movimiento encabezado por obreros en el que exigían mejoras en la industrialización

b) Fue un movimiento encabezado por obreros en el que se protestaba por la mecanización de la industria

c) Fue un proceso en el que se substituía el trabajo manual por el mecánico

2- Polígono convexo con seis lados y seis ángulos iguales:

a) Hexágono regular

b) Eneágono regular

c) Heptágono regular

3- ¿Quién es el presidente de Venezuela en 2018?

a) Hugo Chávez

b) Nicolás Maduro

c) Miguel Díaz-Canel

4- ¿Qué país no se encuentra en el polo norte?

a) Canadá

b) Noruega

c) Australia

5- ¿A quién pertenece el discurso dado en 1963 en el que se dijo la famosa frase «I have a dream»?

a) Mahatma Gandhi

b) Nelson Mandela

c) Martin Luther King

6- ¿En qué año se produjo la independencia de la India?

a) 1857

b) 1947

c) 1900

7- Una palabra es homónima cuándo:

a) Se pronuncia como otra pero tiene otro significado

b) No se pronuncia como otra pero tiene otro significado

c) Se pronuncia como otra pero tiene el mismo significado

8- ¿Dónde se encuentra el Valle de los Caídos?

a) Toledo

b) Madrid

c) Salamanca

9- ¿Qué deporte fue conocido por el nombre de «*mintonette*»?

a) Futbol

b) Pimpón

c) Voleibol

10- ¿Cuál es la capital de Brasil?

a) Brasil

b) Brasilea

c) Brasilia

Respuestas LXVIII

1- b

2- a

3- b

4- c

5- c

6- b

7- a

8- b

9- c

10- c

LXIX

1- ¿Qué país no intervino en la Crisis de los misiles de 1962?

   a) Cuba

   b) Unión Soviética

   c) Japón

2- ¿Con cuál de los siguientes nombres relacionarías con el ludismo?

   a) Ned Ludd

   b) Eduardo I

   c) James Wat

3- ¿Con qué nombre se conoce al acuerdo del año 226 a. C. entre el General Asdrubal y la República Romana, en el que se utilizó el río Ebro como límite o frontera?

   a) Tratado cartaginés

   b) Tratado de la república

   c) Tratado del Ebro

4- ¿En qué año se produjo la caída de Constantinopla?

a) 553

b) 1453

c) 1053

5- ¿En qué acto se produjo el famoso saludo del «Black Power» en 1968?

a) Juegos Olímpicos

b) Partido de Futbol

c) Concierto

6- ¿Qué Papa impulsó las Cruzadas?

a) Urbano II

b) Urbano III

c) Víctor III

7- ¿Qué es el eufemismo?

a) Combinación en una misma estructura sintáctica de dos palabras o expresiones de significado opuesto que originan un nuevo sentido

b) Palabra o expresión más suave que se sustituye otra malsonante

c) Oposición de una palabra o frase a otra de significado contrario

8- ¿En qué provincia se encuentra situada la Basílica de Nuestra Señora de la Cabeza?

a) Granada

b) Jaén

c) Málaga

9- ¿Quién compuso «Para Elisa»?

a) Bach

b) Beethoven

c) Vivaldi

10- ¿Cuál de los siguientes escritores no pertenece a la generación del 27?

a) Federico García Lorca

b) Rafael Alberti

c) Pío Baroja

Respuestas LXIX

1- c

2- a

3- c

4- b

5- a

6- a

7- b

8- b

9- c

10- c

LXX

1- ¿Qué enfermedad produce la falta de vitamina B?

a) Difteria

b) Artrosis

c) Beriberi

2- ¿En qué siglo se construyó el anfiteatro Coliseo de Roma?

a) S. I

b) S. II

c) S. IV

3- ¿Cuál fue el primer rey Borbón de España?

a) Carlos III

b) Felip V

c) Felip IV

4- ¿Quién fue el ganador del premio Planeta 2017?

a) Santiago Posteguillo

b) Dolores Redondo

c) Javier Sierra

5- ¿En qué años se produjo la guerra civil estadounidense?

a) 1714 – 1719

b) 1861 – 1865

c) 1890 – 1901

6- ¿Bajo qué líder pacifista se independizó la India?

a) Martin Luther King

b) Jane Addams

c) Gandhi

7- ¿En qué frase no hay ninguna anomalía gramatical?

a) Contra más le digas, peor

b) Ves yendo tú que yo ya mismo voy

c) Al final lo tendrás que trasplantar

8- ¿En qué país se encuentra el famoso monumento Taj Mahal?

a) India

b) México

c) Perú

9- ¿En qué país nació Galileo Galilei?

a) Francia

b) Italia

c) Alemania

10- ¿Cuál es el volcán más alto sobre el nivel de mar?

a) Nevado Ojos del Salado

b) Monte Pissis

c) Cerro Bonete Chico

Respuestas LXX

1- c

2- a

3- b

4- c

5- b

6- c

7- c

8- a

9- b

10- a

LXXI

1- ¿Qué tipo de instrumento es el piano?

a) De viento

b) De cuerda percutida

c) De percusión

2- ¿Qué planeta es famoso por sus anillos?

a) Saturno

b) Júpiter

c) Venus

3- ¿Qué nombre tenía el caballo de Don Quijote de la Mancha?

a) Bucéfalo

b) Caballogrís

c) Rocinante

4- ¿Cada cuánto tiempo se celebran los Juegos Olímpicos?

a) 4 años

b) 5 años

c) 6 años

5- ¿A qué movimiento cultural pertenece Alberto Durero?

a) Renacimiento alemán

b) Barroco

c) Romanticismo

6- ¿Quién determinó la estructura del ADN?

a) James Watson

b) Francis Crick

c) Ambas son correctas

7- ¿Cuál es sinónimo de baldragas?

a) Fuerte

b) Interesante

c) Flojo

8- ¿Quién escribió «Veinte mil leguas de viaje submarino»?

a) Julio Verne

b) Charles Dickens

c) Miguel de Cervantes

9- El granito es una roca metamórfica.

a) Verdadero

b) Falso

10- ¿Cuál es la capital de Ottawa?

a) Ottawa

b) Kingston

c) Terrebonne

Respuestas LXXI

1- b

2- a

3- c

4- a

5- a

6- c

7- c

8- a

9- b

10- a

LXXII

1- ¿Periodo de la Segunda República Española?

   a) 14 de abril de 1914 – 1 de abril de 1920

   b) 14 de abril de 1931 – 1 de abril de 1939

   c) 14 de abril de 1939 – 1 de abril de 1945

2- ¿En qué museo de encuentra «La Gioconda»?

   a) Museo del Louvre

   b) Museo del Prado

   c) Museos Vaticanos

3- ¿Con qué nombre se conoce a las rocas que provienen de la acumulación de fragmentos de otras rocas?

   a) Evaporitas

   b) Detríticas

   c) Magmáticas

4- ¿Qué es la fagoterapia?

   a) Técnica desarrollada para evitar el estrés

b) Técnica para tratar infecciones bacterianas

c) Técnica para evitar para la detección de enfermedades

5- ¿Cuál es la capital de Andalucía?

a) Sevilla

b) Córdoba

c) Granada

6- ¿Quién fue el fundador de la Geometría Analítica?

a) René Descartes

b) Jean-Paul Sartre

c) David Hume

7- Escoge la frase correcta:

a) No se fue, sino que se quedó

b) No se fue, si no que se quedo

c) No se fue, si no que se quedó

8- ¿De quién es la obra «Venus del espejo»?

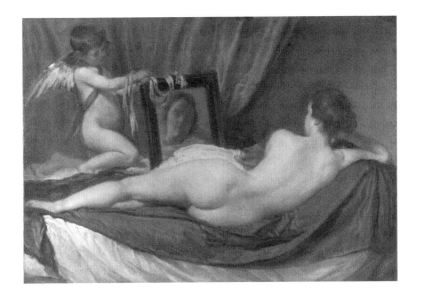

a) Sandro Botticelli

b) Diego Velázquez

c) Claude Monet

9- ¿Cómo se llama el primer satélite enviado desde la tierra al espacio?

a) STSAT – 2C

b) Explorer I

c) Sputnik I

10- ¿Cuál es la capital de Israel?

a) Teherán

b) El Cairo

c) Tel Aviv

Respuestas LXXII

1- b

2- a

3- b

4- b

5- a

6- a

7- a

8- b

9- c

10- c

LXXIII

1- ¿Quién formuló la ley de gravitación universal?

a) Nicolás Copérnico

b) Isaac Newton

c) Albert Einstein

2- ¿En qué año puso fin Inglaterra a la esclavitud?

a) 1910

b) 1807

c) 1708

3- ¿Con qué nombre se conoce a la capa de gases que envuelve la Tierra?

a) Atmósfera

b) Ozono

c) Ninguna es correcta

4- ¿En qué año tuvo lugar la primera cruzada?

a) 795

b) 995

c) 1095

5- ¿Cuál es el mineral más duro que existe?

a) Diamante

b) Hierro

c) Acero

6- ¿Cuál fue el primer país europeo que concedió el sufragio femenino?

a) Noruega

b) Dinamarca

c) Finlandia

7- ¿Qué es un oxímoron?

a) Combinación, en una misma estructura sintáctica, de d os palabras o expresiones de significado opuesto que o riginan un nuevo sentido

b) Oposición de una palabra o una frase a otra de signific ación contraria

c) Palabra o expresión más suave que se sustituye otra malsonante

8- ¿Quién escribió «Los tres mosqueteros»?

a) Alejandro Dumas

b) Miguel de Cervantes

c) Francisco de Goya

9- Hay números irracionales que también son naturales.

a) Verdadero

b) Falso

10- ¿Cuál es la capital de Chile?

a) Bogotá

b) Ottawa

c) Santiago

Respuestas LXXIII

1- b

2- b

3- a

4- c

5- a

6- c

7- a

8- a

9- b

10- c

LXXIV

1- ¿Qué Premio Nobel recibió Selman Abraham Waksman?

a) Química

b) Medicina

c) Física

2- ¿Por cuál de los siguientes países no pasa el río Nilo?

a) Kenia

b) Tanzania

c) Libia

3- ¿En qué año se celebró la primera carrera ciclista Lieja-Bastoña-Lieja?

a) 1982

b) 1892

c) 2002

4- ¿Cómo se llama el río secundario que desemboca en otro?

a) Afluente

b) Embalse

c) Desembocadura

5- ¿Con quién asocias el modelo planetario del átomo?

a) Nicolás Copérnico

b) Ernest Rutherford

c) Galileo Galilei

6- ¿Cuál es la fórmula química del agua?

a) HO_2

b) HO

c) H_2O

7- ¿Qué significa «caire»?

a) Dinero

b) Tabaco

c) Animal

8- ¿Cuál de los siguientes presidentes no se encuentra en el Monte Rushmore?

a) Theodore Roosevelt

b) Ulises S Grant

c) Theodore Roosevelt

9- ¿En qué mar desemboca el río Ural?

a) Mar Negro

b) Mar Muerto

c) Mar Caspio

10- ¿Cuál es la capital de Haití?

a) Puerto Príncipe

b) Santo Domingo

c) San Juan

Respuestas LXXIV

1- b

2- c

3- b

4- a

5- b

6- c

7- a

8- b

9- c

10- a

LXXV

1- ¿Cuál es la montaña más alta de África?

a) Makalu

b) Lhotse

c) Kilimanjaro

2- ¿A quién pertenece la teoría de la evolución?

a) Charles Darwin

b) Johannes Kepler

c) Hiparco de Nicea

3- ¿Quién fue el comandante nazi de las SS?

a) Rudolf Hess

b) Heinrich Himmler

c) Joseph Goebbels

4- ¿Qué científico desarrolló el termómetro de mercurio?

a) Daniel Gabriel Fahrenheit

b) Galileo Galilei

c) Louis Pasteur

5- ¿A quién pertenece la teoría planetaria Heliocéntrica?

a) Nicolás Copérnico

b) Galileo Galilei

c) Johannes Kepler

6- ¿Qué Premio Nobel recibió Ernest Orlando Lawrence?

a) De Medicina

b) De Química

c) De Física

7- ¿En qué frase no hay ninguna anomalía gramatical?

a) Contra más insistas peor

b) Sobretodo hazlo tú

c) Ve yendo tú

8- ¿De qué estilo es el Castillo de Neuschwanstein de Baviera?

a) Románico

b) Neorrománico

c) Barroco

9- ¿En qué década apareció el movimiento físico llamado *Pop Art*?

a) 1940

b) 1930

c) 1950

10- ¿Cuál es la capital de Irak?

a) Bagdad

b) Líbano

c) Beirut

Respuestas LXXV

1- c

2- a

3- b

4- a

5- a

6- c

7- c

8- b

9- c

10- a

LXXVI

1- ¿En qué provincia se encuentra la Casa Batlló?

a) Valencia

b) Barcelona

c) Castellón

2- ¿En qué se especializa la cartografía?

a) Es la ciencia que estudia los mapas

b) Es la ciencia que estudia la tierra

c) Es la ciencia que estudia el agua

3- ¿En qué fecha tiene lugar el equinoccio de primavera?

a) 20 de marzo

b) 20 de mayo

c) 20 de junio

4- ¿En qué país se encuentra la montaña Makalu, la quinta más alta de la Tierra?

a) China

b) Nepal

c) Ambas son correctas

5- ¿Qué es la nefritis?

a) Inflamación de los tejidos del riñón

b) Inflamación de los tejidos del hígado

c) Ninguna es correcta

6- ¿Cuál de los siguientes estados no pertenecía a la extinta URSS?

a) Georgia

b) Letonia

c) Bulgària

7- ¿Qué es la antítesis?

a) Palabra o expresión más suave que se sustituye otra malsonante

b) Combinación, en una misma estructura sintáctica, de d os palabras o expresiones de significado opuesto que o riginan un nuevo sentido

c) Oposición de una palabra o una frase a otra de signific ación contraria

8- ¿Quién escribió «Romeo y Julieta»?

a) William Shakespeare

b) Miguel de Cervantes

c) Ernest Emingway

9- ¿Cómo se llama la fobia a la desnudez?

a) Gimnofobia

b) Cinofobia

c) Astrafobia

10- ¿Cuál es la capital de Ucrania?

a) Bucarest

b) Kiev

c) Ankara

Respuestas LXXVI

1- b

2- a

3- a

4- c

5- a

6- c

7- c

8- a

9- a

10- b

LXXVII

1- ¿Por qué provincia no pasa el río Guadalquivir?

a) Cádiz

b) La Rioja

c) Huelva

2- ¿Qué grasas hacen tan saludable el aceite de oliva?

a) Poliinsaturadas

b) Monoinsaturadas

c) Ninguna es correcta

3- ¿En qué ciudad se encuentra el parque Güell?

a) Barcelona

b) Valencia

c) Zaragoza

4- ¿Cuál de los siguientes personajes es mejor representante del expresionismo?

a) Pablo Picasso

b) Ernst Barlach

c) Francisco de Goya

5- ¿Dónde se encuentra el embalse de Alcántara?

a) Cáceres

b) Bilbao

c) Valencia

6- ¿En qué país nace el río Amazonas?

a) Brasil

b) Argentina

c) Perú

7- ¿Dónde se encuentra la anomalía gramatical?

a) Ve a la cocina

b) Ves a la cocina

c) Ninguna es correcta

8- ¿Dónde se encuentra el siguiente alcázar?

a) Toledo

b) Segovia

c) Tarragona

9- ¿Quién fue el último rey de la dinastía de Los Trastámara?

a) Juana I de Castilla

b) Isabel I de Castilla

c) Isabel de Portugal

10- ¿Cuál es la capital de la India?

a) Nueva Delhi

b) Katmandú

c) Kabul

Respuestas LXXVII

1- b

2- b

3- a

4- b

5- a

6- c

7- b

8- a

9- a

10- a

LXXVIII

1- ¿Quién compuso el «Himno de la alegría»?

a) Beethoven

b) Vivaldi

c) Mozart

2- ¿Quién escribió «El silencio de los corderos»?

a) Mario Vargas Llosa

b) Jorge Luis Borges

c) Thomas Harris

3- ¿Qué formas de gobierno se desarrollaron en la Antigua Roma?

a) Ninguna es correcta

b) Monarquía, república, principado y dominado

c) Imperio, república, principado y dominado

4- ¿Qué día fue el desembarco de Normandía conocido como el día D?

a) 6 de junio de 1944

b) 10 de agosto de 1945

c) 07 de septiembre de 1943

5- ¿Entre qué fronteras se encuentra el Everest?

a) China y Rusia

b) China y Nepal

c) Nepal e India

6- ¿Cuál es el Canal navegable más largo del mundo?

a) Canal de la Mancha

b) Canal de Suez

c) Canal de Panamá

7- Escoge la frase correcta:

a) Él me hechó de su casa

b) El me echó de su casa

c) Él me echó de su casa

8- ¿Dónde se encuentra el Arco del Triunfo?

a) Madrid

b) París

c) Roma

9- **¿Quién recibió el premio Princesa de Asturias de la Concordia en 2018?**

a) Aldeas Infantiles SOS

b) Unión Europea

c) Sylvia Earle

10- **¿Cuál es la capital de Irlanda?**

a) Dublín

b) Reikiavik

c) Cardiff

Respuestas LXXVIII

1- a

2- c

3- b

4- a

5- b

6- b

7- c

8- b

9- c

10- a

LXXIX

1- ¿En qué fecha tuvo lugar la guerra de Crimea en la que participó el Imperio ruso contra el Imperio otomano, Francia, Reino Unido y el reino de Cerdaña?

a) 1850 - 1853

b) 1853 - 1856

c) 1851 – 1854

2- ¿Qué parte del sol está más caliente?

a) Núcleo

b) Corona

c) Cromosfera

3- En qué localidad se encuentra la Giralda?

a) Segovia

b) Sevilla

c) Zaragoza

4- ¿Quién ganó el premio Planeta 2016?

a) Dolores Redondo

b) Santiago Posteguillo

c) Javier Sierra

5- ¿En qué año se produjo la caída del Muro de Berlín?

a) 1898

b) 1969

c) 1989

6- ¿Quién compuso «El concierto de Aranjuez»?

a) Joaquín Rodrigo

b) Vivaldi

c) Bach

7- ¿Cómo se llaman las dos partes de que consta un enunciado bimembre?

a) Sujeto y predicado

b) Sujeto y adverbio

c) Ninguna es correcta

8- ¿En qué país se encuentra el castillo de Chenonceau?

a) Italia

b) Francia

c) Bélgica

9- ¿Cuál de las siguientes especies homínidas es la más antigua en Europa?

a) *Homo antecessor*

b) *Homo habilis*

c) *Homo Erectus*

10- ¿Cuál es la capital de Nueva Zelanda?

a) Adelaida

b) Wellington

c) Sídney

Respuestas LXXIX

1- b

2- a

3- b

4- a

5- c

6- a

7- a

8- b

9- a

10- b

LXXX

1- Qué teoría cree que el universo nace a partir de una gran explosión?

a) La Teoría del universo pulsante

b) La Teoría del universo en expansión

c) La Teoría del universo estacionario

2- ¿En la mitología griega quién era conocida como la Diosa del Amor?

a) Afrodita

b) Venus

c) Hera

3- ¿Con qué otro nombre es conocida la Tierra?

a) Planeta azul

b) Planeta verde

c) Planeta rojo

4- ¿En qué año se celebraron los primeros juegos

olímpicos en la ciudad de Olimpia?

a) 576 d. C

b) 576 a. C

c) 776 a. C

5- ¿De qué nacionalidad era el compositor Georg Friedrich Händel?

a) Alemana

b) Italiana

c) Francesa

6- ¿Qué premio nobel le concedieron en 1906 a Santiago Ramón y Cajal?

a) De ciencia

b) De medicina

c) Economía

7- ¿Cuál de las siguientes palabras no es sinónimo de regocijado?

a) Ufano

b) Satisfecho

c) Enfadado

8- ¿Quién es el autor del «Lazarillo de Tormes»?

a) Anónimo

b) Jorge Manrique

c) Juan Boscán

9- ¿Quién fue responsable del descubrimiento del código genético?

a) Alexander Fleming

b) Marshall Nirenberg

c) Karl Landsteiner

10- ¿Cuál es la capital de Canadá?

a) Ottawa

b) Toronto

c) Quebec

Respuestas LXXX

1- b

2- a

3- a

4- c

5- a

6- b

7- c

8- a

9- b

10- a

LXXXI

1- ¿Con qué nombre son conocidos los poemas narrativos cantados en la Edad Media que tratan de acontecimientos heroicos?

a) Cantares de gesta

b) Cantares medievales

c) Cantares heroicos

2- ¿De qué nacionalidad era el compositor romántico Giuseppe Verdi?

a) Francesa

b) Italiana

c) Alemana

3- ¿En qué año se fundó Roma?

a) 753 a. C

b) 553 a. C

c) 553 d. C

4- ¿Cuál es el primer planeta del sistema solar?

a) Mercurio

b) Venus

c) Plutón

5- ¿Quién defendió la Teoría del universo estacionario?

a) Albert Einstein

b) Wilhelm Conrad Röntgen

c) Marie Curie

6- ¿Qué estudia la citología?

a) Curación de las enfermedades

b) Función y vida de las células

c) Elaboración de medicamentos

7- Escoge la frase correcta:

a) He dejado el vaso ahí

b) He dejado el vaso ay

c) He dejado el vaso hay

8- ¿En qué ciudad se encuentra la estatua «Cristo Redentor»?

a) Río de Janeiro

b) Ciudad de México

c) Buenos Aires

9- ¿Qué es el serialismo?

a) Una técnica de escritura

b) Una técnica de interpretación

c) Una técnica de composición musical

10- ¿Cuál es la capital de Bolivia?

a) Potosí

b) Sucre

c) Cochabamba

Respuestas LXXXI

1- a

2- b

3- a

4- a

5- a

6- b

7- a

8- a

9- c

10- b

LXXXII

1- ¿Quién fue el fundador de Microsoft?

a) Steve Jobs

b) Bill Gates

c) Mark Zuckerberg

2- ¿En qué año le concedieron a Mario Vargas Llosa el premio nobel de literatura?

a) 1989

b) 2001

c) 2010

3- ¿Quién fue el descubridor de los grupos sanguíneos?

a) Louis Pasteur

b) Karl Landsteiner

c) Edward Jenner

4- ¿Qué es una farsa?

a) Obra de teatro

b) Tipo de novela

c) Clase de poesía

5- ¿De qué nacionalidad era el compositor Johann Sebastian Bach?

a) Italiana

b) Alemana

c) Francesa

6- ¿Qué faraón, casado con Nefertiti, convirtió al dios Atón la única deidad del culto para los egipcios?

a) Akenatón

b) Tutankamón

c) Ramsés

7- Escoge la palabra correcta:

a) Desaucio

b) Desahucio

c) Ambas son correctas

8- ¿Con qué nombre es conocida la siguiente escultura ibera?

a) Dama de Elche

b) Moái

c) Venus de Milo

9- ¿Con qué nombre es conocido el dios egipcio de Sol y de del universo?

a) Osiris

b) Horus

c) Ra

10- ¿Cuál es la capital de Filipinas?

a) Cebú

b) Manila

c) Puerto Princesa

Respuestas LXXXII

1- b

2- c

3- b

4- a

5- b

6- a

7- b

8- a

9- c

10- b

LXXXIII

1- ¿Qué nombre recibió la misión espacial de 1969 con trayecto a la Luna?

   a) Apolo 10

   b) Apolo 11

   c) Apolo 12

2- ¿Cuál de las siguientes palabras no es un tipo de constelación?

   a) Boreal

   b) Zodiacal

   c) Astral

3- ¿A qué poeta se le atribuye la frase «Carpe Diem»?

   a) Horacio

   b) Lucrecio

   c) Pentadio

4- ¿Quién descubrió la tumba de Tutankamon?

a) Howard Carter

b) Donald Johanson

c) Heinrich Schliemann

5- ¿Quién fue el primer español en ganar un premio nobel?

a) Jacinto Benavente

b) José Echegaray

c) Santiago Ramón y Cajal

6- ¿Cuál de los siguientes descubridores es famoso por la Ruta de la Seda?

a) Cristóbal Colón

b) Francisco Pizarro

c) Marco Polo

7- Expresión en la que aparecen uno o más términos redundantes:

a) Pleonasmo

b) Antítesis

c) Hipérbole

8- ¿Quién es el autor de la sátira «Los viajes de Gulliver»?

a) Jonathan Swift

b) Charles Perrault

c) Francesco Petrarca

9- ¿Con qué otro nombre es conocida la Gran Muralla China?

a) La Muralla de Pekín

b) La Muralla de los 10.000 li

c) La Muralla infinita

10- ¿Cuál es la capital de Corea del Sur?

a) Busán

b) Seúl

c) Pionyang

Respuestas LXXXIII

1- b

2- c

3- a

4- a

5- b

6- c

7- a

8- a

9- b

10- b

LXXXIV

1- ¿A qué se dedicaba el español Frederic Mompou?

a) Escritor

b) Músico

c) Pintor

2- ¿De qué nacionalidad era el compositor Ludwig van Beethoven?

a) Alemana

b) Francesa

c) Italiana

3- ¿Qué planeta conocemos como el Lucero del alba?

a) Mercurio

b) Júpiter

c) Venus

4- ¿Quién utilizó por primera vez la expresión *Big Bang*?

a) Fred Hoyle

b) Albert Einstein

c) George-Henri Lemaître

5- ¿Con qué nombre era conocido el centro de la ciudad en la Antigua Roma?

a) Foro

b) Templo

c) Circo

6- ¿Quién descubrió el esqueleto parcial del *Australopithecus Afarensis* llamado Lucy?

a) Howard Carter

b) Donald Johanson

c) Heinrich Schliemann

7- ¿Qué es una elegía?

a) Ninguna es correcta

b) Subgénero de la poesía lírica que designa un poema de lamentación

c) Subgénero de la poesía lírica que designa un poema de satisfacción

8- ¿A quién pertenece la obra «Impresión, sol naciente»?

a) Diego Velázquez

b) Pierre-Auguste Renoir

c) Claude Monet

9- ¿Quién descubrió los rayos X?

a) Wilhelm Conrad Röntgen

b) Albert Einstein

c) Benjamin Franklin

10- ¿Cuál es la capital de Venezuela?

a) Caracas

b) Maracaibo

c) Valencia

Respuestas LXXXIV

1- b

2- a

3- c

4- a

5- a

6- b

7- b

8- c

9- a

10- a

LXXXV

1- ¿Qué premio nobel le concedieron en 1959 a Severo Ochoa?

a) De ciencia

b) De literatura

c) De medicina

2- ¿Quién inventó la vacunación?

a) Edwar Jenner

b) Frederick Banting

c) Alexander Fleming

3- ¿Cuál de las siguientes escuelas no es una escuela filosófica china?

a) Confucianismo

b) Moísmo

c) Estoicismo

4- ¿Quién ganó el premio Planeta 2015?

a) Alicia Giménez Bartlett

b) Javier Moro

c) Clara Sánchez

5- ¿Qué nombre recibe la fase de la Luna en la que solo vemos la mitad de su hemisferio?

a) Cuarto menguante

b) Cuarto creciente

c) Luna llena

6- ¿Qué papa unificó la música que se cantaba en los monasterios de Europa en el siglo VI?

a) Gregorio Magno

b) Inocencio I

c) Gelasio I

7- ¿Qué es una sátira?

a) Composición literaria en verso o prosa cuyo objeto no es ridiculizar a alguien o algo

b) Composición literaria en verso o prosa cuyo objeto es expresar amor hacia alguien o algo

c) Composición literaria en verso o prosa cuyo objeto es ridiculizar a alguien o algo

8- ¿Quién es el autor del libro «Los cuentos de Canterbury»?

a) Geoffrey Chaucer

b) Francesco Petrarca

c) Giovanni Boccaccio

9- ¿En qué año conquistaron los musulmanes al-Ándalus?

a) 1011

b) 911

c) 711

10- ¿Cuál es la capital de Uruguay?

a) Montevideo

b) Rivera

c) Punta del Este

Respuestas LXXXV

1- a

2- a

3- c

4- a

5- b

6- a

7- c

8- a

9- c

10- a

LXXXVI

1- ¿Cuál de los siguientes no fue uno de los fundadores de Apple?

   a) Steve Jobs

   b) Kevin Systrom

   c) Steve Wozniak

2- ¿Quién fue el inventor de la dinamita cuyo apellido es utilizado para los famosos premios?

   a) Alfred Nobel

   b) Ludvig Nobel

   c) Immanuel Nobel

3- ¿Cuál de las siguientes personas es considerado el padre de la escultura moderna?

   a) Antonio Canova

   b) Pablo Picasso

   c) Auguste Rodin

4- ¿De qué nacionalidad era el compositor Wolfgang Amadeus Mozart?

a) Alemana

b) Italiana

c) Austríaca

5- ¿En la mitología romana quién era conocida como la Diosa del Amor?

a) Afrodita

b) Venus

c) Hera

6- ¿Quién descubrió el planeta Neptuno?

a) William Herschel

b) Edwin Hubble

c) Johann Gottfried Galle

7- ¿Cuál de las siguientes palabras no es sinónimo de afable?

a) acogedor

b) cordial

c) desabrido

8- ¿A quién pertenece la «Novela de Genji», novela de la literatura japonesa considerada una de las más antiguas de la historia?

a) Murasaki Shikibu

b) Yasunari Kawabata

c) Natsume Soseki

9- ¿Quién descubrió el virus de inmunodeficiencia humana (VIH)?

a) Luc Montagnier

b) Ambas son correctas

c) Françoise Barré-Sinoussi

10- ¿Cuál es la capital de Perú?

a) Quito

b) Lima

c) Trujillo

Respuestas LXXXVI

1- b

2- a

3- c

4- c

5- b

6- c

7- c

8- a

9- b

10- b

LXXXVII

1- ¿En qué periodo se produjo la primera cruzada?

   a) 1147 – 1149

   b) 1096 – 1099

   c) 711 – 716

2- ¿De qué nacionalidad era el compositor Antonio Vivaldi?

   a) Italiana

   b) Española

   c) Alemana

3- ¿Quién fundó el movimiento artístico francés denominado purismo?

   a) Amédée Ozenfant

   b) Le Corbusier

   c) Ambas son correctas

4- ¿Cuál es el único satélite de la Tierra?

a) La Luna

b) El Sol

c) Ninguna es correcta

5- ¿En la mitología griega quién es considerado padre de los dioses y hombres?

a) Odín

b) Zeus

c) Júpiter

6- ¿Cuántas constelaciones se han logrado identificar?

a) 188

b) 88

c) 58

7- ¿Qué frase es incorrecta?

a) Ella ha venido a verme

b) Él ha venido a verme

c) El ha venido a verme

8- ¿A quién pertenece la obra «Bailarinas azules»?

a) Joan Miró

b) Rafael Sanzio

c) Egdar Degas

9- ¿Qué premio nobel le concedieron en 1922 a Jacinto Benavente?

a) De ciencia

b) De literatura

c) De medicina

10- ¿Cuál es la capital de la República Dominicana?

a) Santo Domingo

b) Santiago

c)   Punta Cana

Respuestas LXXXVII

1- b

2- a

3- c

4- a

5- b

6- b

7- c

8- c

9- b

10- a

LXXXVIII

1- ¿Cuál es el planeta más grande del sistema solar?

a) Saturno

b) Júpiter

c) Mercurio

2- ¿En la mitología romana quién es considerado padre de los dioses y hombres?

a) Odín

b) Zeus

c) Júpiter

3- ¿Quién dijo: «La Religión es el opio del pueblo»?

a) Dandi

b) Confucio

c) Karl Marx

4- ¿Qué es una protoestrella?

a) Estrella en formación

b) Estrella en explosión

c) Nube de gas

5- ¿A quién se atribuye la epopeya griega «La Ilíada»?

a) Homero

b) Platón

c) Aristóteles

6- ¿Qué país produce más películas?

a) Estados Unidos

b) India

c) China

7- ¿Cuál de las siguientes frases es incorrecta?

a) Hecho un ojo al perro

b) Echó un ojo al niño

c) De hecho se fue

8- ¿Quién es el autor de la novela «La Galatea»?

a) Federico García Lorca

b) Miguel de Cervantes

c) Pío Baroja

9- ¿Quién descubrió la insulina?

a) Wilhelm Conrad Röntgen

b) Alexander Fleming

c) Frederick Banting

10- ¿Cuál es la capital de Puerto Rico?

a) Carolina

b) San Juan

c) Ponce

Respuestas LXXXVIII

1- b

2- c

3- c

4- a

5- a

6- b

7- a

8- b

9- c

10- b

LXXXIX

1- ¿De qué nacionalidad era el compositor Franz Schubert?

a) Austríaca

b) Alemana

c) Italiana

2- ¿Qué premio nobel le concedieron en 1904 a José Echegaray?

a) De ciencia

b) De literatura

c) De medicina

3- ¿Qué estudia la bromatología?

a) La agricultura

b) Alimentos

c) Vegetales

4- ¿Qué nombre recibe la fase lunar en la que la Luna no

refleja luz y no es visible de la Tierra?

a) Luna nueva

b) Cuarto creciente

c) Cuarto menguante

5- **¿Con qué nombre conocemos al fragmento de un cuerpo celeste que cae sobre la Tierra?**

a) Cometa

b) Astro

c) Meteorito

6- **¿Quién elaboró el primer modelo de universo en expansión?**

a) Georges-Henri Lemaître

b) Copérnico

c) Albert Einstein

7- **¿Cuál es el sinónimo de baladí?**

a) Importante

b) Sustancial

c) Nimio

8- ¿A qué autor se le atribuye «La Celestina»?

a) Anónimo

b) Fernando de Rojas

c) Garcilaso de la Vega

9- ¿Qué es una nova?

a) Estrella en formación

b) Estrella en explosión

c) Nube de gas

10- ¿Cuál es la capital de Panamá?

a) Panamá

b) Colon

c) Santiago

Respuestas LXXXIX

1- a

2- b

3- b

4- a

5- c

6- a

7- c

8- b

9- b

10- a

XC

1- ¿Con qué nombre se conoce a la línea imaginaria que atraviesa la Tierra del polo Norte al polo Sur?

a) Ecuador

b) Eje terrestre

c) Paralelos

2- ¿En qué siglo encontramos el Renacimiento?

a) S. XVII y XVIII

b) S. XV y XVI

c) S. XIV

3- ¿Cómo se llama el miedo irracional a la oscuridad?

a) Oscurofobia

b) Nictofobia

c) Noctefobia

4- ¿Quién descubrió, en 1781, Urano, el tercer planeta más grande del sistema solar?

a) Galileo Galilei

b) Edwin Hubble

c) William Herschel

5- ¿En qué año le concedieron a Camilo José Cela el premio nobel de literatura?

a) 1898

b) 1989

c) 1959

6- ¿Quién fue el último Presidente del Gobierno de España en la época de Franco?

a) Adolfo Suárez González

b) Carlos Arias Navarro

c) Luis Carrero Blanco

7- ¿Cuál de las siguientes palabras se escribe con tilde?

a) Guion

b) Truhan

c) Ninguna de las dos

8- ¿Quién es el autor de la epopeya «Eneida»?

a) Virgilio

b) Horacio

c) Lucrecio

9- ¿Dónde se encuentra el Salto del Tugela, la segunda cascada más alta del mundo?

a) Sudáfrica

b) Sudamérica

c) Asia

10- ¿Cuál es la capital de Guatemala?

a) Quiché

b) Petén

c) Guatemala

Respuestas XC

1- a

2- b

3- b

4- c

5- b

6- b

7- c

8- a

9- a

10- c

XCI

1- ¿Cuál es el órgano interno más pesado del cuerpo humano?

a) Pulmón

b) Hígado

c) Corazón

2- ¿Quién fue el inventor el aire acondicionado?

a) John Gorrie

b) Willis Carrier

c) Elisha Graves

3- ¿En cuál de las siguientes épocas se desarrolló el lenguaje en los humanos?

a) Neolítico

b) Paleolítico

c) Mesolítico

4- ¿Cuál es el día más largo en el hemisferio Norte?

a) 21 de junio

b) 21 de febrero

c) 21 de diciembre

5- ¿Qué motivó la Guerra del Golfo?

a) Invasión de Kuwait por parte de Irak

b) Atentados del 11 de septiembre de 2011

c) La muerte de Sadam Husein

6- ¿Con qué otro nombre es conocido Odiseo, héroe de la mitología griega?

a) Homero

b) Ulises

c) Quirón

7- ¿La conjunción «o» se tilda entre cifras?

a) Sí, después de 2010

b) No, después de 2010

c) Ambas son incorrectas

8- ¿Dónde se encuentra el famoso yacimiento Petra?

a) Jordania

b) Israel

c) Líbano

9- ¿A qué banda musical pertenece la canción «Yesterday»?

a) The Beatles

b) The Rolling Stones

c) The Doors

10- ¿Cuál es la capital de Cuba?

a) Santiago de Cuba

b) Trinidad

c) La Habana

Respuestas XCI

1- b

2- b

3- b

4- c

5- a

6- b

7- a

8- a

9- a

10- c

XCII

1- ¿Cuántos siglos duró el Imperio Otomano?

a) Más de seis

b) Más de diez

c) Más de quince

2- ¿Cuál de las siguientes maravillas del mundo es la más antigua?

a) Estatua de Zeus en Olimpia

b) Gran Pirámide de Guiza

c) El Coloso de Rodas

3- ¿Qué civilización inventó el vidrio?

a) Romana

b) Griega

c) Egipcia

4- ¿Con qué otro nombre se conoce a la Tercera Cruzada?

a) Gran Cruzada

b) Cruza de los Reyes

c) Última Cruzada

5- ¿Qué longitud tiene la pista de atletismo?

a) 400 metros

b) 500 metros

c) 600 metros

6- ¿En qué año invadió Irak el país Kuwait?

a) 1990

b) 1980

c) 2000

7- ¿Cuál es el significado de circunscribir?

a) Cortar circularmente una porción del prepucio

b) Reducir algo a ciertos límites

c) Quitar o moderar algo

8- ¿Quién es el autor de la novela «Guerra y paz»?

a) Vladimir Nabokov

b) Máximo Gorki

c) León Tolstói

9- ¿Sobre qué tema trata la epopeya griega «Ilíada»?

a) Guerra de Troya

b) Guerras púnicas

c) La vida de Ulises

10- ¿Cuál es la capital de Jamaica?

a) Kingston

b) Ocho Ríos

c) Negril

Respuestas XCII

1- a

2- b

3- c

4- b

5- a

6- a

7- b

8- c

9- a

10- a

XCIII

1- **¿Quién fue el primer gobernador español de Nuevo México?**

a) Núñez de Balboa

b) Juan de Oñate

c) Díaz Solís

2- **¿En qué parte del cerebro se encuentra la memoria a largo plazo?**

a) Corteza prefrontal

b) Hipocampo

c) Cerebelo

3- **¿Qué figura literaria atribuye a objetos inanimados características de seres animados?**

a) Anástrofe

b) Elipsis

c) Prosopopeya

4- ¿Cuál fue el primer espécimen de *Homo erectus* descubierto?

a) Hombre de Java

b) Lucy

c) Hombre de Neandertal

5- ¿A quién le entregaron el título de Libertador de Venezuela?

a) Simón Bolívar

b) Nicolás Maduro

c) Manuel Felipe de Tovar

6- ¿Quién dirigió la película «Los lunes al sol»?

a) Juan Antonio Bayona

b) Fernando León de Aranoa

c) Álex de la Iglesia

7- ¿Cuál es el significado de la palabra «vasta»?

a) Ser suficiente y proporcionado para algo

b) Ser abundante

c) Dilatado, muy extendido o muy grande

8- ¿A quién pertenece el ciclo de pinturas llamadas «Los nenúfares»?

a) Claude Monet

b) Diego Velázquez

c) El Bosco

9- ¿En qué país se encuentra el Lago Titicaca?

a) Argentina

b) Brasil

c) Perú

10- ¿Cuál es la capital de Ecuador?

a) Quito

b) Guayaquil

c) Santo Domingo

Respuestas XCIII

1- b

2- b

3- c

4- a

5- a

6- b

7- c

8- a

9- c

10- a

XCIV

1- ¿Dónde desemboca el río Danubio?

a) Mar Negro

b) Mar Muerto

c) Mar Rojo

2- ¿Por qué se escogió el color amarillo para la camiseta que se usó para marcar al líder del Tour de Francia en 1919?

a) Por la fiebre amarilla

b) Por un periódico

c) Ambas son incorrectas

3- ¿Qué tipo de animal es la ballena?

a) Pez

b) Anfibio

c) Mamífero

4- ¿Qué es un langur?

a) Una raza de perro

b) Una especie de primate

c) Una raza de gato

5- ¿Cuál de las siguientes rocas es volcánica?

a) Sienita

b) Travertino

c) Basalto

6- ¿Cuál es el edificio más alto de España?

a) Torre de Cristal de Madrid

b) Torre Sevilla

c) Torre Cepsa de Madrid

7- ¿Cuál de las siguientes palabras es aguda?

a) Admisión

b) Enología

c) Grúa

8- ¿Quién escribió la novela «El péndulo de Foucault»?

a) Dante Alighieri

b) Umberto Eco

c) Erri De Luca

9- ¿Qué rey gobernaba cuando se construyó el primer templo de Jerusalén?

a) El rey David

b) El rey Salomón

c) El rey Roboam

10- ¿Cuál es la capital de Costa Rica?

a) San José

b) San Pablo

c) San Juan

Respuestas XCIV

1- a

2- b

3- c

4- b

5- c

6- a

7- a

8- b

9- b

10- a

XCV

1- ¿Cuál es el país más pequeño del mundo?

a) Nauru

b) Vaticano

c) Mónaco

2- ¿Qué rama de la biología estudia los animales?

a) Zoología

b) Biología

c) Geología

3- ¿En qué año tuvo lugar el accidente ferroviario de Santiago de Compostela?

a) 2010

b) 2006

c) 2013

4- ¿Quién es el director de la película «Balada triste de trompeta»?

a) Alejandro Amenábar

b) Pedro Almodóvar

c) Álex de la Iglesia

5- ¿Quién dijo la frase «solo sé que no sé nada»?

a) Platón

b) Sócrates

c) Aristóteles

6- ¿Quién inventó la penicilina en el año 1867?

a) Jonas Salk

b) Louis Pasteur

c) Alexander Fleming

7- ¿Cuál de las siguientes palabras es correcta?

a) Bienpensante

b) Biempensante

c) Ninguna es correcta

8- ¿Quién es el autor del libro «Cancionero»?

a) Dante Alighieri

b) Francesco Petrarca

c) William Shakespeare

9- ¿Qué planeta gira tan despacio que un día en él es igual a 58 días de la tierra?

a) Mercurio

b) Plutón

c) Júpiter

10- ¿Cuál es la capital de Honduras?

a) Tegucigalpa

b) El Progreso

c) La Ceiba

Respuestas XCV

1- b

2- a

3- c

4- c

5- b

6- c

7- b

8- b

9- a

10- a

XCVI

1- ¿Quién ganó el premio Planeta 2014?

   a) Jorge Zepeda Patterson

   b) Dolores Redondo

   c) Javier Sierra

2- ¿Qué era en la Alemania nazi la «Solución Final»?

   a) Una táctica al final de la guerra

   b) El exterminio de los judíos

   c) La última batalla de la guerra

3- ¿Cómo se llamaba la espada del Cid Campeador?

   a) Tizona

   b) Excalibur

   c) Corazón valiente

4- ¿Qué es el síndrome de Peter Pan?

   a) Síndrome del hombre que quiere crecer

   b) Síndrome del hombre que no quiere crecer

c) Síndrome del hombre que quiere volar

5- ¿Dónde se desarrolló la civilización Sumeria?

a) En el actual Jordania

b) En el actual Irak

c) En la actual Israel

6- ¿Cuál es el río más largo de Asia?

a) Huang He

b) Lena

c) Yangtsé

7- ¿Cuál no es sinónimo de la palabra «amover»?

a) Remover

b) Destituir

c) No mover

8- ¿Qué rey mandó construir el Monasterio de El Escorial?

a) Felip IV

b) Felipe II

c) Felipe III

9- ¿Con qué nombre eran conocidas antiguamente las Islas Hawái?

a) Bikini

b) Pan

c) Sándwich

10- ¿Cuál es la capital de Paraguay?

a) Asunción

b) Paraguay

c) San Lorenzo

Respuestas XCVI

1- a

2- b

3- a

4- b

5- b

6- c

7- c

8- b

9- c

10- a

XCVII

1- ¿Qué faraón hizo construir la Gran Esfinge de Egipto?

a) Narmer

b) Kefrén

c) Ramsés II

2- ¿Cuál fue el invento de Dennis Gabor?

a) Holografía

b) Imprenta

c) Internet

3- ¿En qué año se descubrió el Hombre de Cromañón?

a) 1768

b) 1868

c) 1968

4- ¿Dónde se fundó IKEA?

a) Francia

b) Hungría

c) Suecia

5- ¿De quién fue caudillo Atila?

a) Romanos

b) Hunos

c) Visigodos

6- ¿Quién es el primer astronauta de nacionalidad española?

a) Pedro Duque

b) Miquel López-Alegría

c) David Scott

7- Escoge la frase correcta:

a) Dime el por qué de la cuestión

b) Dime el porqué de la cuestión

c) Dime el porque de la cuestión

8- ¿Cuál de las siguientes obras pertenece a Mario Vargas Llosa?

a) La guerra del fin del mundo

b) La ciudad y los perros

c) Ambas son correctas

9- ¿Quién inventó el teclado QWERTY?

a) John Atanasoff

b) Christopher Sholes

c) John William Mauxhly

10- ¿Cuál es la capital de Argentina?

a) Rosario

b) Buenos Aires

c) Bogotá

Respuestas XCVII

1- b

2- a

3- b

4- c

5- b

6- a

7- b

8- c

9- b

10- b

XCVIII

1- ¿En qué año se hundió el Titanic?

a) 1910

b) 1912

c) 1913

2- ¿Qué apodo tiene el *Homo floresiensis*?

a) Hobbit

b) Hombre de Flor

c) Mini Sapiens

3- ¿De quién es la expresión: «El árbol de la libertad debe ser vigorizado con la sangre de los patriotas y tiranos»?

a) Thomas Jefferson

b) Abraham Lincoln

c) George Washington

4- ¿De dónde proceden los fósiles más antiguos de la especie *Homo sapiens*?

a) América

b) Sudáfrica

c) Etiopía

5- ¿Para qué rey cantaba, noche tras noche, Farinelli?

a) Felipe V

b) Carlos III

c) Ninguna es correcta

6- ¿Qué día finalizó la Guerra Civil Española?

a) 1 de mayo de 1939

b) 1 de diciembre de 1939

c) 1 de abril de 1939

7- ¿Qué palabra tiene como significado el causar daño?

a) Infringir

b) Inflingir

c) Infligir

8- ¿A quién pertenece la obra **Adoración de los Reyes Magos?**

a) Leonardo da Vinci

b) Diego Velázquez

d) Claude Monet

9- **¿Quién fue el último gobernante azteca?**

a) Acamapichtli

b) Moctezuma Xocoyotzin

c) Cuauhtémoc

10- ¿Cuál es la capital de Nicaragua?

a) Managua

b) Tegucigalpa

c) Kingston

Respuestas XCVIII

1- b

2- a

3- a

4- c

5- a

6- c

7- c

8- b

9- c

10- a

XCIX

1- ¿En qué año tuvo lugar la batalla de Trafalgar?

a) 1805

b) 1655

c) 1925

2- ¿A qué especie pertenece el cráneo más completo encontrado conocido como Señora Ples?

a) Homo erectus

b) Australopithecus africanus

c) Homo sapiens

3- ¿Qué es el lumen?

a) Unidad de medida de volumen

b) Unidad de medida del flujo luminoso

c) Unidad de medida de superficie

4- ¿Cuál es el mayor delta del mundo?

a) El delta del Níger

b) El delta del Okavango

c) El delta del Ganges

5- ¿Qué emperador romano fue apartado del poder debido a su cojera y su tartamudez?

a) Claudio

b) Augusto

c) Tiberio

6- ¿A qué país pertenece el movimiento las FARC?

a) Ecuador

b) Colombia

c) Argentina

7- ¿Cuál es el antónimo de adecuar?

a) Adaptar

b) Desarreglar

c) Acomodar

8- ¿Qué faraón mandó construir el Faro de Alejandría?

a) Ptolomeo II

b) Amenofis III

c) Tutankamón

9- ¿Qué país apoyó a Vietnam del Norte durante la Guerra de Vietnam?

a) Francia

b) Alemania

c) Ninguna es correcta

10- ¿Cuál es la capital de Colombia?

a) Bogotá

b) Quito

c) Medellín

Respuestas XCIX

1- a

2- b

3- b

4- c

5- a

6- b

7- b

8- a

9- c

10- a

C

1- ¿Qué es la algofobia?

   a) Fobia al dolor

   b) Fobia a cualquier cosa

   c) Fobia a las fobias

2- ¿A qué rey nunca se le ponía el sol en su imperio?

   a) Felipe V

   b) Carlos III

   c) Felipe II

3- ¿Con qué nombre es conocida la Constitución española de 1812?

   a) La Magna

   b) La Carta Real

   c) La Pepa

4- ¿En qué año se inició la Guerra del Golfo?

   a) 1991

   b) 1992

c) 1990

5- ¿Qué nombre tiene la sonda espacial que se lanzó al espacio exterior en 1972 y que contiene información sobre el ser humano y su procedencia?

a) Sputnik I

b) Explorer 1

c) Pioneer 10

6- ¿Cómo se llama el aeropuerto de Sevilla?

a) San Pablo

b) La Paloma

c) Adolfo Suarez

7- ¿Cuál es la correcta?

a) A sí mismo dijo que podría hacerse

b) Asimismo dijo que podría hacerse

c) Así mismo dijo que podría hacerse

8- ¿Quién es el autor de la novela «Gargantúa y Pantagruel»?

a) Giovanni Boccaccio

b) François Rabelais

c) Francesco Petrarca

9- ¿Cómo se llama el fruto del nogal?

a) Bellota

b) Nuez

c) Almendra

10- ¿Cuál es la capital de Estados Unidos?

a) New York

b) Washington DC

c) Florida

Respuestas C

1- a

2- c

3- c

4- c

5- c

6- a

7- b

8- b

9- b

10- b

CI

1- ¿Cuántos satélites tenemos orbitando alrededor de la tierra?

   a) Cerca de 4300

   b) Cerca de 630

   c) Cerca de 3300

2- ¿Qué nombre tenía el primer satélite artificial puesto en órbita terrestre por los Estados Unidos?

   a) Sputnik I

   b) Explorer 1

   c) Sputnik II

3- ¿Quién fue el primer astronauta en viajar al espacio exterior?

   a) Yuri Gagarin

   b) Neil Armstrong

   c) Alan Shepard

4- ¿En qué año se produjo la Guerra Fría?

a) 1957

b) 1936

c) 1947

5- ¿En qué año patentó Graham Bell el teléfono?

a) 1876

b) 1916

c) 1756

6- ¿A qué nos referimos con la expresión «reír a mandíbula batiente»?

a) No reírse

b) Reírse mucho

c) Reírse poco

7- ¿En qué parte del cerebro se encuentra el lóbulo parietal?

a) En la parte posterior

b) En la parte superior

c) En la parte delantera

8- ¿Quién es el autor de la novela «El conde de Montecristo»?

a) Lewis Carrol

b) Jane Austen

c) Alejandro Dumas

9- ¿Cuál de los siguientes mamíferos no es un cetáceo?

a) Delfín

b) Cachalote

c) Ambas son correctas

10- ¿Cuál es la capital de México?

a) México DF

b) México DC

c) Ambas son correctas

Respuestas CI

1- a

2- b

3- a

4- c

5- a

6- b

7- b

8- c

9- c

10- a

FIN

29815964R00293

Printed in Great
Britain
by Amazon